COME SCRIVERE UN EBOOK IN 2 WEEK END

COME PROGETTARE, CREARE, SCRIVERE E PUBBLICARE UN E-BOOK CREATO DA TE RAPIDAMENTE IN SOLI DUE WEEK END ED INIZIARE SUBITO A GUADAGNARE AUTOMATICAMENTE

ANTON G. PISANI

INDICE

INTRODUZIONE

Cos'è un eBook?

Letteralmente un "Electronic Book" ovvero un libro "elettronico". In sostanza, non il classico libro stampato su carta tradizionale, ma un libro generalmente in formato per PC, che può essere letto al computer, sul proprio iPad o lettore di eBook (ad esempio il *Kindle* ha fatto la fortuna di Amazon, la più grande libreria virtuale al mondo) o il proprio iPhone o Smartphone Android!

Spesso il termine eBook è anche associato a *"libretto da poche pagine distribuito (spesso gratis) sul Web"*, o qualcosa del genere, ma negli ultimi tempi le cose sono molto cambiate, trasformando di fatto l'eBook in un prodotto al pari del libro cartaceo, ma con il vantaggio di essere più economico, immediatamente fruibile dall'utente finale (il quale paga on line e ottiene immediatamente la sua copia) e in più, leggibile comodamente con gli appositi supporti elettronici di cui abbiamo accennato (lettore di eBook, iPad, iPhone, Kindle, PC etc.).

Il metodo che ti insegnerò, ti consentirà di mettere nero su bianco in un paio di week end liberi, tutte le informazioni possibili su un dato argomento. Il prodotto che ne deriverà, convincerà chiunque lo acquisterà (o lo riceverà in omaggio o come premio di acquisto, sarai tu a stabilirlo) di aver ricevuto qualcosa di valore.

Creare un eBook di qualità ti farà ottenere due cose:

1. Immediati ed interessanti guadagni senza che tu debba sostenere alcun costo aggiuntivo.
2. La quasi impossibilità di ricevere reclami e frustranti richieste di rimborso da parte di clienti insoddisfatti (Un eBook di qualità, diversamente da uno di scarso valore, non viene quasi mai restituito dal cliente).

Seguendo tutte le fasi e i suggerimenti di questo corso, non diventerai uno scribacchino da quattro soldi, ma un autore *di valore* legittimamente retribuito per il suo lavoro. E ti ci vorranno due week end, o se preferisci, tre/cinque giorni liberi, per pubblicare il tuo primo eBook!

Devi solo credere nel fatto che un eccellente, o anche solo buon
eBook, può avere un impatto importante nella tua vita.

Persone senza alcun talento nella scrittura, nella compilazione e nella diffusione di testi possono oggi pubblicare cose di valore che molti sarebbero entusiasti di acquistare. Molti l'hanno già fatto.

I testi che produrrai seguendo le mie indicazioni, potranno appartenere ai generi più svariati: narrativa, mistero, saggistica, storia e altro; ma il presupposto di questo corso è che il tuo primo eBook sia del tipo "Come si fa a…".

Perché? Beh, perché questo genere di pubblicazione risolve i problemi pratici dei lettori e migliora la loro capacità di affrontarli. Per questo motivo, si tratta di un prodotto molto ricercato sia on-line che nei canali di marketing tradizionali e offre le migliori garanzie di avere un grande successo di vendite presso i tuoi attuali o futuri clienti.

Ti darò più avanti ulteriori notizie su quanto ti sto accennando.

PERCHÉ SCRIVERE UN EBOOK

Vi sono vari buoni motivi per scrivere un eBook, ma il primo di tutti è quello di poter guadagnare con *una vera e propria rendita automatica!*

A tale scopo, ti insegnerò a far bene tre cose:

1. *Progettare* un eBook che "abbia mercato" e che quindi la gente sia disposta a pagare.
2. *Scrivere* un eBook velocemente e concisamente, in modo che le informazioni contenute siano immediatamente e comodamente fruibili da parte del lettore.
3. *Agire* concretamente per vendere l'eBook attraverso una serie di passi precisi che ti portino alla sua promozione su internet.

ANTON G. PISANI

Comprenderai da solo come, seguendo questi passi, potrai realmente guadagnare 24 ore su 24, mentre sei comodamente su una spiaggia delle Maldive, o dormendo in piena notte! I clienti acquisteranno il tuo libro attraverso una procedura totalmente automatica e tu dovrai solo riscuotere i soldi che si troveranno sul tuo conto.

ACQUISIRE PRESTIGIO NEI CONFRONTI DI CLIENTI ED AMICI

Il prestigio è una gran cosa... ma da solo non basta e non ti renderà mai ricco! Scrivere un libro, invece, può aumentare la tua credibilità.

Ancora una volta però, la nostra attenzione si focalizza su un passo importante: *fare soldi con un eBook!* Perdona il linguaggio così diretto e così da "basso venditore", ma il messaggio deve essere chiaro: se vuoi entrare in questo mondo, e scrivere eBook, la cosa migliore è partire con il piede giusto, ovvero con un eBook che possa dare un buon rientro economico, e che ti dia quindi la spinta giusta per muoverti in altri settori.

Terzo motivo: utilizzare l'eBook per orientare verso un nuovo acquisto o indurre ad un ulteriore acquisto i tuoi attuali clienti

Ciò è strettamente connesso alla prima motivazione, ossia: fare soldi. Molti autori di successo creano una lista di clienti e compratori focalizzandosi interamente sulla produzione di

testi che si adattino a tale lista. L'uscita di ogni nuova pubblicazione viene perciò comunicata alle persone della lista base,
dando vita così al processo di vendita del prodotto.

Ogni buona pubblicazione (e l'autore accorto non farà che
buone pubblicazioni!) incrementerà la credibilità dell'autore
nell'ambito del suo pacchetto-clienti, dando vita nel
contempo a vendite e profitti considerevoli.

CHE RISULTATI ASPETTARSI DA UN EBOOK DI SUCCESSO?

"Successo" è un termine il cui significato può variare da persona a persona. Consentimi dunque di parlarti del successo di Jim Edwards nel campo degli eBook:

- *"Ho lanciato il mio primo eBook intitolato Vendere Casa da Soli, più di venti anni fa. Grazie a un decennio di esperienza nel campo immobiliare, scrissi questo eBook per insegnare a vendere la propria casa senza la mediazione di un agente. Impiegai dieci anni per completare l'eBook, scrivendo nei ritagli di tempo e quando ne avevo voglia, anche se avrei potuto completarlo in meno di una settimana. Nello scrivere, pubblicare e pubblicizzare on-line il mio eBook ho commesso una serie di errori inimmaginabili. Malgrado ciò, ho accumulato guadagni impressionanti!".*

Ma non è finita qui:

- *"Dopo aver perfezionato il metodo di lavoro (metodo che fra poco sarà anche tuo), l'aumento di vendite nei quattro anni successi mi consentirono di coprire le spese per la casa, l'auto e le bollette, benché da tempo non lavorassi più nel campo immobiliare!"*

Pensa: tutto questo, con UN SOLO eBook!

A questo punto utilizzò la sua precedente esperienza e continuò a scrivere altri eBook di grande successo, perfezionando le tecniche *che proprio adesso ti spiegherò con ogni dettaglio!*

Jim Edwards continua nel suo racconto:

- *"Quando scrissi il seguito del mio primo eBook dal titolo: I DIECI piccoli, sporchi segreti della finanza ipotecaria, il 20% dei precedenti compratori finirono per acquistare anche questo testo. Era ovvio, visto che chi aveva venduto la propria casa grazie al primo eBook ora aveva bisogno di acquistarne un'altra (e 9 su 10 avevano bisogno di un mutuo!). Per lo stesso motivo, la promozione di questo eBook fra i miei precedenti clienti fu a spese zero!"*

E ancora continua nel suo interessante racconto (suffragato da fatti oggettivi, non è certo una favoletta raccontata per invogliarti a scrivere eBook):

- *"Un mio recente eBook che tratta di informazioni su un certo prodotto mi ha reso un guadagno lordo di 100.000 dollari in poco meno di 5 mesi! Questo tipo di eBook è un po' più complicato e include video, presentazioni multimediali e altre cose. Nonostante ciò, ho impiegato solo due giorni a scriverlo! Al netto delle spese di commissioni e di distribuzione (le informazioni erano distribuite su cd), il guadagno è stato del 60%, il che, se la matematica non è un'opinione, ammonta a 60.000 dollari!*

Una volta avviato il relativo sistema di marketing, questo proficuo progetto va tuttora avanti dando profitti mese dopo mese con uno sforzo minimo!"

Un altro autore americano, Joe Vitale, ci parla del suo successo ottenuto con gli eBook. Alla domanda della possibilità concreta di avere successo senza che ci sia un vero e proprio libro stampato, risponde:

- "Finché Stephen King non pubblicò on-line un suo racconto sotto forma di eBook, la risposta a questa domanda sarebbe potuta essere: Neanche per idea!" Fino ad allora infatti la gente considerava gli eBook come dei gadget distribuiti in omaggio per incentivare la visita a certi siti web. Ancora adesso, molti eBook conservano questa caratteristica. Pubblicizzare un eBook gratuito nel vostro sito è tuttora una valida tecnica di marketing. Fare soldi direttamente dalla vendita di eBook non era perciò una cosa ritenuta possibile, almeno fino ad oggi, finché Stephen King non scosse il mondo del web mettendo in agitazione l'industria editoriale! Infatti, nelle 24 ore successive all'annuncio della pubblicazione on-line di un suo racconto, venduto a 2,50 dollari, più di 40.000 persone si precipitarono all'acquisto! In tre mesi, l'autore ne ricavò più di un milione di dollari! Ciò impressionò lo stesso King, il quale non era nemmeno in grado di scaricare il suo racconto, dal momento che usava un Mac e non un PC."

Joe Vitale continua nel suo racconto citando un esempio molto interessante:

- "Molti altri autori hanno ottenuto lauti guadagni con il loro eBook. La vendita del mio Scrittura Ipnotica, ad esempio, continua a divertirmi e a stupirmi. Quando il testo fu messo in rete per la prima volta al costo di 29,95 dollari, non mi aspettavo granché. Dopo un'ora, circa 100 persone lo ordinarono e in una sola giornata, più di 600 persone investirono i loro soldi su di esso! Circa tre mesi dopo, il mio eBook rese più di 45.000 dollari, e gli ordini continuano ad arrivare tuttora! Nessuna meraviglia che in questi giorni sorrida spesso!"

Joe continua:

- *"King ed io non siamo i soli a guadagnare con questa moda internettiana. Jim Edwards, ad esempio, fa lo stesso con i suoi libri e le sue informazioni commerciali on-line. Il mio amico David Garfinkel, copywriter e consulente di vendite, ha pubblicato on-line un corso di scrittura pubblicitaria che in due mesi gli ha reso 35.000 dollari di puri profitti. Parlo di puri profitti, perché non bisogna dimenticare che si tratta di guadagni interamente passivi. King, Garfinkel, Jim ed io infatti non abbiamo mai stampato i nostri libri, né ci siamo occupati di smaltire ordinativi, stoccare gli invenduti e cose del genere. Una volta compilato l'eBook, si continua a venderlo e a guadagnarci senza neanche sapere perché. Questa è la mia idea di prosperità!"*

Certo, gli eBook sono un valido modo di fare soldi per gente come King, Garfinkel, Jim Edwards e lo stanno diventando anche per il sottoscritto. Ma per gente "normale" come te, ti starai chiedendo, sarebbe lo stesso? E' possibile per dei perfetti sconosciuti fare soldi con un eBook?

La risposta, per me, non può che essere affermativa ed è il motivo per cui è stato scritto questo eBook. Vorrei aiutarti a scrivere, distribuire, promuovere e vendere un valido e redditizio eBook. Leggendo perciò queste istruzioni e seguendo i suggerimenti che sono contenuti, potrai anche tu diventare autore on-line iniziando una carriera molto remunerativa.

2

PRIMA DI INIZIARE: MOTIVAZIONE!

Anthony Robbins, famoso coach di sviluppo personale (che ha seguito personaggi di fama internazionale, incluso alcuni degli ultimi Presidenti degli Stati Uniti!), parla spesso del potere del "perché"! Il "Perché" si fa una cosa è di gran lunga più importante del "come". Quando la mente si pone un obbiettivo con un "perché" abbastanza forte, ottiene facilmente ciò che vuole. Essa farà di tutto per trovare i sostegni, le consulenze e la formazione sufficiente a raggiungere al meglio il suo scopo.

Nessuno immagina che per te l'acquisto di questo libro non corrisponda alla volontà di dare una svolta positiva alla tua vita. Non avresti mai investito su di esso, né lo avresti nemmeno mai letto senza pensare di ottenere i risultati attesi - ossia, scrivere e pubblicare un eBook vendendolo su internet.

. . .

Il problema maggiore che dovrai affrontare è però la tendenza a rimandare il tuo progetto. Ciò che ti permetterà di superare questo ostacolo sarà la forza del tuo "perché".

Una motivazione sufficientemente forte che ti prospetti i guadagni che potresti o vorresti ottenere, ti farebbe di certo superare la tendenza a rimandare. Prova dunque questo approccio: immagina i risultati che ti attendi e fissa l'immagine dinanzi a te rendendola sempre più brillante e desiderabile. Chiudi gli occhi proprio ora e visualizza cosa potrebbe significare per te avere successo con un eBook. Cosa vedi? Pensa inoltre cosa potrebbe comportare un tale business basato su *Rendite Passive* in termini di:

- Prestigio
- Rispetto
- Un'auto nuova
- Una vacanza esotica
- Libertà

Dovresti tenere sempre a mente che tutto ciò che pensi sia realisticamente realizzabile per te, ma anche che ti impegnassi a migliorare i tuoi risultati, incrementando le vendite e sviluppando nuovi prodotti per la tua lista di utenti grazie ai suggerimenti contenuti in questo corso.

Ovviamente, un libro non esaurisce tutti i singoli quesiti su un dato argomento. Esso potrà tuttavia insegnarti le tecniche che io e molti altri utilizziamo ogni giorno per produrre e pubblicare sul web eccellenti eBook in un tempo sorprendentemente breve. Credo perciò che in questo libro non sia stato tralasciato alcun punto necessario affinché tu comprenda esattamente cosa e come fare per scrivere un eBook pronto per essere lanciato sul mercato on-line.

Questo libro ti svelerà inoltre le tecniche e i trucchi di marketing più efficaci per vendere il tuo eBook.

Sia ben chiaro. Per onor di cronaca devo specificarti che questa non è è tutta farina del mio sacco! Io stesso ho studiato a lungo ore ed ore, per comprendere bene a fondo le tecniche che possano garantire il successo, ed io stesso le ho sperimentate e adoperate in prima persona.

Nelle prossime pagine troverai il concentrato di queste eccellenti tecniche che ho imparato e che con orgoglio sarò qui a spiegarti.

Sei pronto a scrivere il tuo libro in due week end? Si parte!

3

CONFORMATI AL SUCCESSO!

L'errore più catastrofico che un autore di eBook può commettere è scegliere l'argomento del proprio libro senza aver mai nemmeno considerato, e men che mai studiato, i gusti reali del mercato.

Quindi ecco la formula del successo: una serie di trucchi indispensabili per garantire al tuo eBook di diventare un Best Seller!

Sarebbe assurdo perdere tanto tempo e poi scoprire che nessuno acquisterebbe o mostrerebbe il minimo interesse per il tuo eBook.

Ma allo stesso tempo, sono tante le persone che spendono montagne di denaro e di energia per creare pubblicazioni che non piacciono a nessuno! La loro formula per un eBook di successo è questa:

. . .

Formula per fallire negli eBook

1. Scrivere un testo
2. Cercare un mercato per il testo
3. Pregare e sperare
4. Diventare matto e abbandonare la cosa!

Tutto questo è chiaramente sbagliato!

Se davvero vuoi fin da subito avere successo, sarà necessario che tu dia uno sguardo serio e approfondito al mercato, creando il tuo eBook sulla base dei reali *bisogni* che le persone potranno avere di esso.

Questo problema ha da sempre afflitto non pochi autori! Molti credono di avere una grande idea per il loro prossimo romanzo, scoprendo poi che questa idea non interessa a nessuno e non vi è alcun modo di venderla.

In sé, non è sbagliato scrivere cose che ci piacciono, ma non aspettiamoci che anche altri condividano lo stesso interesse senza aver fatto prima i "compiti a casa" con questo corso!

Vuoi la formula per un eBook di successo? Eccola:

1. Identificare una nicchia di mercato.
2. Analizzare i problemi, i desideri e i bisogni all'interno di essa.

3. Scrivere un libro che soddisfi tutto ciò.
4. Proporre il libro direttamente alla nicchia che avete scelto.

Come prima impressione può sembrare difficile, ma analizzando bene i punti sopra elencati, vedremo che si tratterà di fare solo un'analisi logica che sta alla base del successo commerciale di qualsiasi prodotto e servizio!

———

Vediamo quindi, punto per punto, ciascun elemento:

IDENTIFICARE UNA NICCHIA DI MERCATO

La "nicchia di mercato" è un gruppo di persone definito con la massima precisione e rintracciabile facilmente on-line. Un gruppo di appassionati di motociclette di una determinata marca, è una *nicchia di mercato*. Un gruppo di appassionati di strumenti musicali d'epoca, è una *nicchia di mercato*. Gli ascoltatori dei reality trasmessi in TV, che magari si ritrova su uno o più forum on line, è una *nicchia di mercato*.

Potrei procedere per ore facendo una infinità di esempi, ma credo di aver reso l'idea: le persone che vi appartengono, visitano gli stessi siti, leggono le stesse riviste on-line, partecipano agli stessi forum e usano gli stessi siti per scaricare materiale dal web.

La nicchia di mercato è quindi la tua migliore opportunità di successo, in quanto ti consentirà di trovare le persone a cui vendere il tuo eBook senza spendere una fortuna in pubblicità televisiva o altro! Se cerchi di piacere a tutti in modo indistinto, fallirai miseramente. Questo è il destino dei siti generici che aspirano a soddisfare i bisogni di chiunque, ma finiscono col servire a pochissime persone (salvo rarissimi casi). Fai i compiti a casa, dunque, e identifica un gruppo di persone che abbiano un interesse o un problema in comune. Fra gli interessi comuni, vi potrebbe essere qualunque cosa, ad esempio:

- Cucina
- Immobili
- Razze canine
- Marketing on-line (ormai molto sfruttato)
- Modellistica
- Genealogia e alberi genealogici
- Uniformi del passato
- Argomenti per adolescenti
- Investimenti
- Musica
- Benessere e stili di vita
- Fitness
- Aste on-line

I problemi da risolvere, invece, potrebbero essere i seguenti:

- Come accettare carte di credito nel tuo negozio on-line
- Come scegliere la razza canina migliore

- Come apparire al primo posto di un motore di ricerca
- Come aumentare il traffico nel tuo sito
- Come cercare on-line il tuo albero genealogico
- Come fare ricerche on-line efficaci nel tuo settore di interesse
- Dove trovare pezzi di ricambio per la tua auto
- Come trovare cure alternative per una data patologia

Le potenziali aree di mercato da poter sfruttare sono infinite, ma devi per prima cosa identificarle con precisione. Scegli quella che "realmente" può interessarti e fatti queste semplici domande:

- Qual è la reale dimensione di questo gruppo?
- Vale la pena scrivere un eBook per un gruppo di tali dimensioni?
- I potenziali lettori di questo gruppo sono disposti a pagare per le conoscenze/informazioni/istruzioni fornite dal mio eBook?
- Se non sono abbastanza disposti a pagare per le informazioni, potrei indurli ad acquistare i testi originali da cui esse sono tratte, guadagnandoci qualcosa?

Questi sono naturalmente solo degli spunti, ma sicuramente una buona base di partenza può essere quello che TU fai ogni giorno, i tuoi hobby, le tue passioni, i tuoi interessi. Inizia ad analizzare quelli e scopri se si tratta di una nicchia di mercato vincente o meno. Chiaramente se è la "nicchia giusta" sarà ancora più facile scrivere il tuo primo eBook!

5

ANALIZZARE BISOGNI, DESIDERI E PROBLEMI

Hai già individuato cosa vuole il mercato? Per saperlo, non devi fare altro che chiederglielo! E' il modo più facile!

Jim Edwards scrisse l'eBook: "I DIECI piccoli, sporchi segreti della finanza ipotecaria" dedicando poche ore nel corso di un paio di week end, al posto di stare sul divano a vedere la TV!

Semplicemente si rivolse a 45 agenti immobiliari per conoscere le domande più frequenti poste dai loro clienti riguardo alle ipoteche. Invece che tediare i suoi ex colleghi con telefonate informative, egli li coinvolse in un divertente scambio di domande e risposte, chiedendo loro di aiutarlo a scrivere il libro in cambio di una copia gratuita! Jim collezionò così le domande, le organizzò e diede una risposta a ciascuna di esse servendosi delle informazioni che lui stesso, nel suo precedente lavoro di agente, forniva gratuitamente per telefono o di persona ai potenziali clienti. Egli non fece altro che usare le stesse domande in cui si era imbattuto una infinità di volte sul lavoro, aggiungendovi le relative risposte e organizzando il tutto in modo coerente.

 *- "Prima che potessi rendermene conto l'eBook era completo, e da allora sto ancora vendendolo on e off-line!"*

Come conoscere dunque i desideri e i problemi delle persone? Dal momento che è molto probabile che tu voglia vendere il tuo eBook on-line, cosa che ti suggerisco caldamente (ma nelle appendici finali di questo libro scoprirai anche come poter scrivere un libro vero e proprio e pubblicarlo con pochissimi costi) comincia a servirti di internet per scoprire le possibili risposte della gente! I differenti luoghi di scambio di informazioni e di richieste di aiuto in internet sono:

- Forum
- Chat rooms
- Liste di e-zine
- Bacheche virtuali
- Newsgroups
- E altro ancora…

E' lì che puoi indagare cosa interessa alla gente. Tieni gli occhi ben aperti anche sui risultati delle ricerche statistiche. Questi dati hanno un valore impagabile nel rivelarti il tipo di problemi che la gente ha bisogno di risolvere. Se, ad esempio, l'80% degli utenti-target esprime un determinato problema, preferenza o interesse, quello è il tuo obiettivo vincente! Se invece solo il 10% della gente mostra interesse in una data cosa, hai fatto un buco nell'acqua e devi continuare la ricerca.

Molti siti eseguono statistiche sui loro clienti o utenti e tu puoi facilmente accedere ad esse, usandole come valide indagini di mercato. Se ti stai chiedendo dove trovare queste fantomatiche statistiche, ti risponderò: negli stessi siti che il tuo gruppo-target è solito visitare! Certo, non tutti i siti rendono pubblici i loro sondaggi, ma è molto probabile che, se partecipi a qualcuno di essi, ti sarà consentito dare uno sguardo ai loro risultati. Se poi tu stesso hai un sito, potresti allestire la tua statistica e iniziare a collezionare i dati e i sondaggi che ti sono più utili. Nel caso invece ti sia impossibile accedere a tali statistiche e non hai un tuo sito, sarà il caso di avvicinare dei titolari di siti web e proporre tu stesso un sondaggio. Spiegando con chiarezza il valore di queste statistiche, potrai stringere utili relazioni con persone che potrebbero diventare i partner di una futura associazione (potresti far vendere loro i tuoi libri tramite un programma di affiliazione!).

Indagare nella tua nicchia di mercato è come inseguire un animale nella foresta. Bisogna distinguere le tracce che si trovano in certi posti e non in altri, saper guardare ogni cosa che potrebbe essere utile, leggere certe e-zine e altre pubblicazioni specializzate.

Esempio:

. . .

Consideriamo una reale nicchia di mercato, del tipo: "Aste on-line".

- Questo gruppo include probabilmente un vasto numero di utenti di eBay che sono soliti visitare questo ed altri siti, come Auction Watch.
- Molti del gruppo useranno strumenti software quali Marketplace Manager.
- Molti di essi partecipano anche alle aste di Amazon.com, Excite, MSN, Yahoo e altro.

In questo modo, visitando gli stessi siti, leggendo e osservando le stesse cose del tuo target, potresti individuare le migliori opportunità per il tuo
eBook.

Il modo più rapido per cogliere un'opportunità è: **ricercare un problema**! Cosa intendo dire?
Principio cruciale da capire:
Nel mondo degli eBook, i problemi rappresentano delle opportunità (se tu sai trovare una risposta ad essi!).

Se dai uno sguardo ad un qualsiasi eBook di successo, è molto probabile che esso tratti di un problema diffuso in una data nicchia di mercato. Individua anche tu dunque il problema che affligge il maggior numero di persone della tua nicchia, risolvendolo rapidamente ed efficacemente. Ecco il tuo eBook vincente!

Osserva dunque la tua nicchia. Chiediti: di cosa hanno bisogno? Come possono fare al meglio una data cosa? Quali sono i loro timori e preoccupazioni? Quali problemi incontrano con più frequenza?

Una verifica importante: **gli strumenti di Google.**
Visto che parliamo di ricerche on line, non possiamo non prendere in considerazione il "motore dei motori" che spesso è prodigo di buoni consigli.

È noto a molti che Google consente di inserire inserzioni a pagamento con il nome di Google AdWord. In breve: un'azienda che vende vini, potrà creare annunci per i quali quando gli utenti si collegheranno a Google e scriveranno "vendita vini", apparirà una loro inserzione del tipo "I migliori vini venduti on line" che se cliccato li riporta al loro sito Web. Ogni click viene pagato dall'inserzionista un certo importo (esempio: Euro 0,35).

Ma dove voglio arrivare: ho fatto questa digressione per dirti che ci sono strumenti a disposizione per verificare quali parole chiave funzionano meglio, e, di conseguenza, se la nostra nicchia di mercato possa funzionare o meno. È un sistema semplice ma incredibilmente efficace, che io stesso utilizzo quotidianamente. Certo tu stesso su Google "strumento per la ricerca di parole chiave" è il seguente:
www.antongiulio.it/ebook/trovanicchie

. . .

Questo link ti porterà allo "strumento di ricerca di Google". A questo punto non dovrai fare altro che inserire la tua parola chiave. Quindi, volendo restare sull'esempio delle Aste on Line e dell'interesse relativo di un potenziale target di utenti, faremo una ricerca in tal senso. Scriviamo, come indicato dalla freccia rossa nell'immagine sottostante, la parola "Aste on Line", compiliamo la parte sottostante relativa al chapta, ovvero lo strumento utilizzato al fine di dimostrare che la ricerca è stata fatta da una persona in carne ed ossa, scrivendo nella casella il testo volutamente "poco leggibile" (in modo tale che non venga "intercettato" da sistemi OCR automatici).

Mentre i risultati ottenuti li vediamo nell'immagine qui sotto, che parla da sola! Oltre 40.500 persone scrivono "Aste on Line" ogni mese su Google.

Sicuramente interessante, ma non è tutto. Osservando bene le "idee per le parole chiave", possiamo vedere altre chiavi di ricerca simili che renderanno ancora più completa la nostra ricerca, facendoci quindi capire la quantità del nostro target di riferimento.

SCRIVERE UN EBOOK CHE SODDISFI I BISOGNI O RISOLVA PROBLEMI

La ragion d'essere e l'obiettivo principale di questo corso è di insegnarti a scrivere un eBook che abbia un valore enorme agli occhi dei tuoi lettori. Per fare ciò, devi essere certo che l'eBook sia davvero fatto per loro e che sia stato scritto tenendo ben presente i loro bisogni, ossia che:

- Risolva rapidamente i loro problemi.
- Risolva problemi che i lettori non sapevano di avere, ma che leggendo l'eBook non possono non desiderare di risolvere.
- Sia scritto nello stesso linguaggio dei tuoi lettori. (Assicurati di usare le parole che essi usano ogni giorno, evitando loro inutili sforzi di comprensione).
- Sia scritto in un modo da renderne il contenuto rapidamente e facilmente fruibile.
- Sia concepito in modo da valere davvero il prezzo richiesto per acquistarlo.

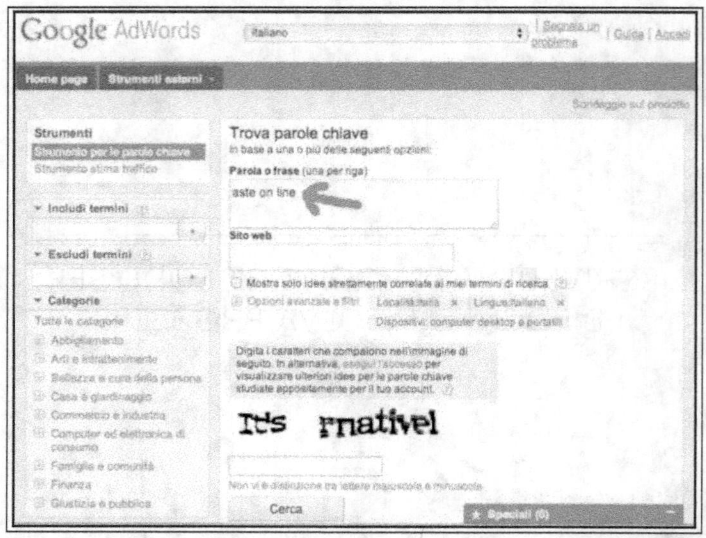

Google AdWords
Italiano
Segnala un problema | Guida | Accedi
Home page   Strumenti esterni
Sondaggio sul prodotto
Strumenti
Strumento per le parole chiave
Strumento stima traffico
Includi termini
Escludi termini
Categorie
Tutte le categorie
Abbigliamento
Arti e intrattenimento
Bellezza e cura della persona
Casa e giardinaggio
Commercio e industria
Computer ed elettronica di consumo
Famiglia e comunità
Finanza
Giustizia e pubblica
Trova parole chiave
In base a una o più delle seguenti opzioni:
Parola o frase (una per riga)
aste on line
Sito web
Mostra solo idee strettamente correlate ai miei termini di ricerca
Opzioni avanzate e filtri   Località: Italia   Lingua: Italiano
Dispositivi: computer desktop e portatili
Digita i caratteri che compaiono nell'immagine di seguito. In alternativa, esegui l'accesso per visualizzare ulteriori idee per le parole chiave studiate appositamente per il tuo account.
It's rnativel
Non vi è distinzione tra lettere maiuscole e minuscole.
Cerca
Speciali (6)

VENDERE DIRETTAMENTE NELLA NICCHIA DI MERCATO PRESCELTA E GUADAGNARCI

Qual è la prima cosa da fare per promuovere il tuo eBook? Cerca di immaginare come e dove la tua nicchia di mercato va alla ricerca di informazioni on-line.

Quali siti visita? Quali parole chiave digita nei motori di ricerca?

Quest'ultimo punto è molto importante ed abbiamo già analizzato come è facile scoprire questo attraverso gli strumenti di Google.

Devi familiarizzarti con le parole chiave più usate all'interno della nicchia durante la ricerca di informazioni o per risolvere un problema – problema che verrà risolto acquistando il tuo eBook!

Fai in modo da rendere necessaria la stessa parola per trovare il tuo eBook nelle librerie on-line, nei motori di ricerca e nei siti contenenti materiale da scaricare. Ad esempio, prova a cliccare sugli indirizzi delle librerie che trovi in questa pagina:

www.antongiulio.it/ebook/librerieonline

Osserva le modalità d'uso di queste librerie. Usano elenchi alfabetici? Hanno un motore di ricerca interno? Impara il modo in cui sono organizzati gli elenchi dei testi e quale salta fuori per primo quando fai una ricerca.

Osserva le diverse tipologie di testi mostrate dalla tua ricerca e vedrai che in molti casi gli autori, consapevolmente o no, hanno incluso nel titolo o nella presentazione di un testo, parole chiave che consentono una rapida reperibilità nei motori di ricerca.

Abbiamo già visto in precedenza con lo strumento di ricerca delle parole chiave di Google, come puoi fare facilmente delle efficaci ricerche in tal senso.

Prova a rientrare su:
www.antongiulio.it/ebook/trovanicchie
e approfondire le tue ricerche.

Per esempio, volendo fare una ricerca per il mercato delle diete dimagranti: parola chiave = *dieta*. Ma se vuoi fare una ricerca più specifica potresti scrivere:
dieta dimagrante
dieta macrobiotica
dieta naturale
dieta vegetariana
dieta body-building
dieta zona, ecc. ecc. ecc.

Non insisterò mai abbastanza su quanto siano importanti le parole chiave per rendere rapidamente visibile il tuo prodotto ogni volta che qualcuno cerca informazioni all'interno della nicchia.

Ad esempio:
Supponiamo che tu voglia promuovere il saggio gratuito

di un capitolo del tuo eBook. Devi per prima cosa conoscere le parole chiave necessarie a far questo. Il nome che dai al documento e le parole chiave incluse nel titolo e nella presentazione, determineranno la sua maggiore o minore reperibilità on-line. Molti siti mostrano in tempo reale quante persone hanno scaricato il tuo documento, e questa cifra influenzerà indirettamente la tua popolarità. Per questo motivo, è necessario usare titoli e presentazioni ricche di parole chiave in modo da incrementare il numero di download innescando un processo di amplificazione degli stessi.

Ora immaginiamo, ad esempio, di promuovere un eBook che tratta il modo migliore di vendere la propria casa. Tu ipotizzi che la maggior parte dei tuoi potenziali lettori usino la parola "casa" durante la ricerca su internet, ma poi scopri che essa diminuisce la probabilità che qualcuno trovi il tuo testo, perché in realtà, la gente non la usa affatto per questo genere di ricerca! *Un abile venditore di eBook deve capire che il successo dipende dall'aver usato lo stesso linguaggio dei lettori, non dall'aver forzato questi ultimi a comprendere il suo.*

Qui di seguito vi sono due famosi siti per download che ti converrebbe esplorare per un po' eseguendo qualche ricerca. Fai attenzione alle modalità di uscita dei testi, cercando di capire i criteri usati per determinare il loro ordine di apparizione in seguito alla digitazione di parole chiave differenti.

www.zdnet.com
www.downloads.com

. . .

Che relazione c'è tra la parola chiave usata e ciò che il motore di ricerca fa apparire sullo schermo? Non fermarti al titolo e alle poche righe di presentazione che appaiono inizialmente, clicca per visualizzare l'intera presentazione e osserva quante volte una parola chiave ed altre parole ad essa collegate vi sono contenute. Nei capitoli successivi analizzeremo specifiche strategie di marketing. Devi capire tuttavia che esse non ti saranno di aiuto se ignori le parole che i tuoi lettori probabilmente useranno per cercare il tuo prodotto on-line. Che tu impieghi o meno i saggi gratuiti come strategia di marketing, datti il tempo di guardarti attorno per capire il meccanismo delle parole chiave. Ciò ti sarà molto più utile di qualunque altra cosa!

Un ultimo suggerimento: l'uso della terminologia tipica della tua nicchia target ti consentirà di comunicare al meglio le soluzioni ai problemi nelle tue proposte di vendita. L'uso delle parole più appropriate e la definizione dei problemi in termini facilmente comprensibili renderà più facile collocare il prodotto per la vendita.

In sintesi, il modo migliore per avere successo nel campo degli eBook è fare le seguenti cose:

1. Identificare i potenziali clienti e focalizzarsi su una nicchia.
2. Definire i problemi in modo oggettivo, osservando i comportamenti all'interno della nicchia, studiando i sondaggi, visitando i forum e altre fonti di informazione. Non basarsi su ciò che si pensa, si crede o si spera riguardo a tali problemi.

3. Imparare la terminologia usata all'interno della nicchia in modo da parlare lo stesso linguaggio.
4. Trovare le soluzioni ai problemi riscontrati e comunicarle efficacemente nel promuovere l'eBook.

Questi consigli ti conferiranno la maggiore probabilità di successo quando scriverai, pubblicherai e promuoverai i tuoi eBook!

8

SCEGLIERE L'ARGOMENTO DELL'EBOOK

Anticipo qui un tema che verrà trattato più estesamente nella sezione dedicata al metodo di scrittura. *Ritengo che sia utile avere qualche nozione in merito prima di iniziare ad abbozzare il testo che scriverai.*

È molto probabile che vi sia una attività, un hobby, un lavoro in cui eccelli. Le tue abilità e i tuoi interessi costituiscono le conoscenze di base necessarie ad una rapida e agevole stesura dell'eBook.

Esse ti consentiranno una velocità e una facilità di scrittura che probabilmente non immagini di possedere.

Lascia che ti ponga qualche domanda:

- Cos'è che ti riesce meglio al lavoro?
- Cos'è che riesci a fare meglio del 90% delle altre persone? (*forse non lo fai meglio di altri che lavorano nello stesso campo, ma chi è del tutto profano avrà certo bisogno di sapere di più su come e cosa fai, quindi ti considererà un esperto in materia- qualunque cosa ciò voglia dire!*).

Inoltre:

- Cosa ami di più?
- Cosa detesti?

Spesso ci si riesce ad emozionare più per ciò che si odia che per quello che si apprezza! E le emozioni, positive o meno, producono non solo grandi romanzi, ma anche eccellenti manuali eBook del tipo *"come si fa a..."*!

Qualunque cosa provochi le tue emozioni, darà ai tuoi testi la più grande capacità persuasiva! Anche se non tutti potranno condividere le tue idee, di certo tutti apprezzeranno la forza con cui le manifesti. Avere un intenso sentimento per qualcosa, ti darà la spinta necessaria a fare ricerche sull'argomento e ad esprimere con più enfasi il tuo punto di vista. Non tralascerai nulla e sarai in grado di includere tutti gli argomenti e le procedure connesse al soggetto che stai trattando. Cosa che risulterà irresistibile agli occhi dei tuoi lettori.

· · ·

E' molto probabile che l'argomento a cui tieni di più al mondo è il soggetto migliore per il tuo primo eBook!

Prenditi qualche minuto e pensa a qualcosa che davvero susciti in te l'emozione più forte. Una volta che avrai appreso a scrivere in un paio di week end, grazie al metodo di questo corso, questa cosa ti servirà come argomento del tuo primo eBook.

Per scrivere un eBook, non c'è alcun bisogno di imparare cose che non sai! Credi che qualcuno pagherebbe per ascoltare i tuoi consigli su ciò in cui sei ancora un pivello?

La tua forza inoltre sta nel fatto che, nonostante tutte le notizie su un dato argomento siano già disponibili on-line, nessuno si prende la briga di cercarle. Credimi, la gente pagherà profumatamente per avere informazioni che potrebbe benissimo trovare da sé! Il vantaggio che essi ricevono acquistando il tuo libro è di risparmiare tempo, ottenendo nel modo più rapido informazioni che siano immediatamente utilizzabili.

Cerca on-line un argomento sul quale avresti sempre voluto sapere di più; ed è probabile che troverai altri che condividono lo stesso interesse.

Nota: *Prima di dedicarti alla stesura di un eBook che ti impegnerà per circa 70/100 ore, assicurati che le informazioni che vi saranno* *contenute non siano già facilmente reperibili e se vi sia realmente una elevata domanda di esse.*

Dai valore al tuo tempo e cerca di prevedere quanto tempo e denaro è necessario investire nel tuo progetto.

Se ti sei deciso a creare un eBook basato sulla ricerca che hai fatto su un dato argomento, per prima cosa dovrai cercare l'argomento, poi annotare con chiarezza tutte le informazioni a riguardo, come se volessi spiegarle ad un amico.

In questo modo, il risultato delle tue ricerche non somiglierà ad un noiosissimo manuale scolastico! Fai come se dovessi condurre un amico nello stesso percorso che hai intrapreso, così da portarlo agli stessi risultati e alle medesime conoscenze da te ottenute. In sostanza:

Definisci il problema che vuoi risolvere o il risultato che vuoi conseguire; dopodiché *chiediti:*

- *Come ottenere il risultato o la soluzione del problema?*
- *In che modo ciò che ho scoperto mi farà risparmiare tempo, incrementerà i guadagni, eviterà inutili sforzi e mi farà ottenere risultati migliori ai miei futuri lettori?*

Il tipo migliore di eBook

Il miglior tipo di eBook è quello che usa l'approccio "Come si fa a…"

. . .

Questo tipo di eBook ha sempre successo, in quanto chi naviga on-line va alla ricerca di informazioni da usare SUBITO!

Nel recente passato –diciamo, tra il 1996 e il 1999 – molte persone si aspettavano di trovare on-line ogni sorta di notizie gratuite; e molte di esse (non tutte) si scandalizzavano nell'imbattersi in informazioni a pagamento.

Di recente, internet è stata talmente intasata di dati che sono necessarie ore, se non intere settimane per trovare ciò che ci serve davvero.

NOTA: *Se non ci credi, vai su un qualunque motore di ricerca e digita la frase: "computer technical support". Vedrai la quantità di siti che ne verranno fuori!*

Molti hanno iniziato a capire che se qualcuno è in grado di mostrare con esattezza ciò che è loro davvero utile, all'interno di un eBook ben fatto e organizzato, è preferibile spendere qualcosa invece di passare ore in ricerche on-line.

Se l'argomento dell'eBook è su "come fare a…", la gente sarà disposta a pagare per le informazioni in esso contenute anche se queste sono già disponibili in rete. La convenienza dell'aiuto di un "esperto" giustificherà il costo dell'eBook a fronte di estenuanti ricerche; soprattutto se si cerca la soluzione rapida a un problema!

9

PERCHÉ SI ACQUISTANO GLI EBOOK?

Per comprendere cosa scrivere e perché scriverlo, è necessario porci una serie di domande che ci facciano comprendere davvero cosa c'è "nella testa" delle persone. In questo capitolo cerchiamo di analizzare alcune motivazioni che sono dietro l'acquisto "di informazioni" da parte delle persone.

Le motivazioni sono poste in ordine di importanza, seguendo l'opinione dei più accreditati esperti di marketing.

Numero 1: guadagnare

Il motivo principale per cui si compra qualcosa on-line è che si crede di poter fare soldi grazie a essa.

Hai acquistato questo eBook? Probabilmente è perché senti che potrebbe aiutarti a scrivere a tua volta un eBook che possa far guadagnare anche te! Questa è una ragione eccellente per acquistare un eBook!

Non molto tempo fa qualcuno, scherzando, ha detto che il modo migliore di fare un milione di dollari on line è di scrivere un libro su come fare... un milione di dollari on line! Ciò è abbastanza vicino alla realtà.

Per fortuna, la gente ora è più esperta nel comprendere la credibilità di un autore e nel riconoscere se questi è davvero padrone della sua materia. In caso contrario, è difficile che si decida ad acquistare un libro.

Numero 2: risparmiare

Come seconda motivazione più comune, rientra sicuramente la possibilità di risparmiare soldi.

Il primo eBook di Jim Edwards, "Vendere casa da soli", fa leva proprio su questa motivazione. Le commissioni delle agenzie immobiliari in America vanno dai 4.500 ai 20.000 dollari, per cui evitarle costituisce un bel risparmio. Più di un milione di persone l'anno cerca di vendere la propria casa senza rivolgersi a un agente e probabilmente questa nicchia di mercato non si esaurirà mai.

Molti eBook di successo riguardano invece il risparmio di tempo. Ci sono solo 24 ore in una giornata, ed ora è più vero che mai! Questo eBook, facci caso, non solo ti spiega come...

fare soldi con un eBook, ma ti dice anche come farli... risparmiando tanto tempo!

Tra i prodotti di successo on line, ci sono molti software per computer, i quali permettono di eseguire operazioni in automatico. Grazie ad essi, si possono eseguire compiti che manualmente richiedono ore di tempo, ottenendo i medesimi risultati.

Mostra alla gente come ottenere i medesimi risultati risparmiando tempo, ed avrai le basi per fare un valido eBook.

Numero 4: evitare sforzi

A meno che non si tratti di persone estremamente pigre, quasi tutti sono consapevoli che non è possibile fare qualsiasi cosa in un giorno solo. È irrealistico perciò esagerare sul tempo. Piuttosto, mostra loro come fare qualcosa con il minimo sforzo, ed avrai un enorme successo.

Numero 5: avere maggiori comodità

Se le persone capiscono che le informazioni del tuo eBook possono procurare loro più di quanto essi stessi hanno mai sperato, lo acquisteranno di certo.

Numero 6: aumentare l'igiene e la pulizia

Perché pensi che la gente faccia man bassa di detergenti, detersivi per lavatrici, deodoranti, profumi, shampoo, rasoi, creme da barba e pomate per i piedi? Il motivo è che quasi tutti tendono a migliorare la loro vita incrementando sempre più l'igiene. Mostra loro come ottenere livelli più alti di pulizia e igiene!

Numero 7: avere una salute perfetta

Il vasto numero di programmi e libri dietetici on-line è una componente multimiliardaria della nostra economia, e il loro numero tende ancora ad aumentare.

Scrivere un eBook nel campo della salute, del controllo del peso, nella bellezza e altro, ti consentirà un sicuro successo.

Nota: *Questo target è piuttosto affollato, perciò è bene individuare con attenzione una nicchia specifica non troppo sfruttata. Inoltre, si sappia che è estremamente rischioso in campo medico fare dichiarazioni che non siano scientificamente sostenibili.*

Numero 8: ridurre il dolore fisico

Chi soffre di dolori cronici o ha fastidiosi problemi fisici sarà probabilmente ben disposto ad acquistare un libro che lo aiuti a porvi rimedio. Sempre che sia persuaso che i tuoi consigli funzionino davvero!

Nota: *Maneggia con **estrema** cura le tue affermazioni in campo medico e assicurati di poterle supportare nel tuo eBook citando una qualche documentazione scientifica che la confermi. In realtà, è bene controllare con attenzione qualsiasi affermazione da te messa nero su bianco nell'eBook; tuttavia ciò è vero soprattutto se esse riguardano argomenti di medicina.*

. . .

Numero 9: ottenere l'approvazione altrui

E' comune che, dopo aver comprato un'auto o un appartamento nuovi, ci si vanti con gli amici e in famiglia volendo essere elogiati per la propria scelta. Spesso ci si vanta di aver fatto un grosso affare o di aver saputo contrattare con un abile venditore. Se dunque il tuo eBook permetterà ai lettori di ottenere l'approvazione o il riconoscimento da parte di persone la cui opinione ha un certo peso per loro, sarà di sicuro un successo.

Numero 10: essere popolari

Questo punto somiglia in un certo senso al precedente. Se insegnerai ai tuoi lettori come guadagnare in popolarità al lavoro, in famiglia o in società, otterrai una valanga di vendite.

Ognuno di questi 10 fattori preso individualmente è un'attrazione irresistibile per i lettori dei tuoi eBook. Tuttavia, un modo per incrementare fortemente le possibilità di vendere il tuo testo è quello di combinare una o più di queste motivazioni all'acquisto.

Se ad esempio puoi insegnare alla gente come fare soldi, risparmiando tempo e denaro con il minimo sforzo, sarai una persona molto ricercata. Lo stesso dicasi se puoi dare consigli che incrementino la qualità della vita e la salute delle persone riducendo la loro ansia!

Ora, fatti la domanda che vedi poche righe più sotto, senza però allarmarti se non riesci subito a trovare la risposta.

. . .

E' molto probabile che la prima volta che la tua mente avrà concepito questa domanda, penserà: *"Ho trovato!"*, oppure, al contrario: *"Ma ciò non ha alcun senso!"* Continua tuttavia a porti questa domanda e stai certo che prima o poi la risposta salterà fuori al momento opportuno.

La domanda è questa: *"Cosa so fare – o cosa vorrei saper fare – che si accordi con due o più di queste motivazioni all'acquisto e che possa essere trasformato in un attraente eBook di valore?"*

Pensaci per un po', e vedrai che le risposte prima o poi coleranno dal tuo cervello come da una caffettiera che bolle e ti daranno una straordinaria eccitazione.

Alcuni dei miei allievi di corsi che svolgo regolarmente, per non parlare di me stesso, raccontano di non riuscire a dormire quando una grande idea inizia a brillare nella loro mente. E' una cosa davvero entusiasmante!

Quelli che seguono, sono esempi di eBook americani con contenuti tutto sommato alla portata di quasi noi tutti, e di sicuro almeno uno saresti stato in grado di poterlo scrivere tu (e non è detto che tu, con le opportune modifiche, non ne possa realizzare la versione italiana!).

Ma il punto importante in questo momento, è *l'aspetto marketing*. Guarda come tutti soddisfino i dieci punti che abbiamo citato.

. . .

Cosa ti fanno pensare?

Come fare 1000 dollari la prossima settimana sgomberando le cianfrusaglie di casa vostra.

Autore: B. Sidney Smith

Sei inciampato in qualche rottame? Trasformalo in moneta sonante divertendoti con i consigli di un professionista in materia.

Pagine: 36

Prezzo: $9,95

L'MBA virtuale

Autore: C.J.Kasis

Tutto ciò che devi imparare per intraprendere un business, dal commercio on-line alla contabilità e alla gestione delle catene di rifornimento.

Pagine: 102

Prezzo: $14.50

Fare affari in Canada

Autore: June Campbell

Trucchi e strategie per intraprendere un business nella terra della foglia d'acero. Ex immigrati di successo svelano i loro segreti a chiunque intenda trasferirsi in Canada per iniziare una nuova attività.

Prezzo: $9.98

Dai loro uno scossone! Come usare le emozioni e altre tecniche professionali per fare una presentazione d'affari scioccante.

Autore. Tom Antion

Sei una delle migliaia di persone che trema all'idea di dover fare una presentazione d'affari? Dopo aver parlato in pubblico, sei sempre insoddisfatto pensando di non aver saputo catturare l'attenzione necessaria a far valere le tue opinioni? Ecco finalmente un aiuto.

Pagine: 301

Prezzo: $19.95

I segreti della comunicazione di successo

Autore: Mary Thompson

Una guida per la sopravvivenza nella vita reale. Come le parole possono dirigere o fuorviare la gente, tenerla insieme o disperderla, curarla o danneggiarla. Impara le strategie per risparmiare inutili sofferenze e sprechi di tempo.

Prezzo: $12,95

Trovare i propri antenati in rete

Autore: Nancy Hendrickson

Diventa un esperto nel rintracciare chiunque utilizzando gli alberi genealogici on-line. Trova coloro che stanno cercando proprio te! Crea una rete coi tuoi cugini di grado ennesimo, scopri nuove linee familiari. Segui le semplici fasi qui esposte.

Prezzo: $8,95

Trova la gallina dalle uova d'oro con le stock option

Autore: M.C. Franklin

Esiste una strategia prudente per vincere l'80% delle volte nel mercato azionario? E' possibile acquistare buoni titoli a prezzi convenienti o raddoppiare la rendita dei titoli che già avete? Con le stock option, si può!

Pagine: 70

Prezzo: $12,95

Come farsi assumere a contratto
Autore: Cheryline Lawson
Cercare le aziende e persuaderle ad assumerti per consulenze da casa è più facile di quanto pensi. Acquista il libro e impara le strategie necessarie.
Pagine: 40
Prezzo:$8,95

Fare più sesso col proprio partner
Autore: Lana Byorne
Sempre più coppie sono invischiate in relazioni sessualmente insoddisfacenti. Il libro offre un metodo in 4 fasi per uomini che non ne possono più di venire rifiutati dalle proprie mogli. Imparate come rimettere il sesso al centro delle vostre relazioni.
Prezzo: $6,95

Nel prossimo capitolo imparerai concretamente a concepire, organizzare, scrivere e pubblicare un eBook. Per ora, goditi il flusso spontaneo delle tue idee e prendi nota di quelle che ti sembrano valide!

Vivi le tue prossime ore con carta e penna ed annota *tutte le idee* che possono venirti in mente!

10

IL METODO PER SCRIVERE UN EBOOK IN 2 WEEK END

Finalmente ci siamo! Un libro può davvero trasmetterti una credibilità che darà prestigio e denaro a te stesso e alle tue attività! Non importa se l'eBook l'hai pubblicato a tue spese o lo hai messo da solo on-line. I tuoi clienti baderanno solo al fatto che sei esperto in qualcosa, perché, letteralmente, *"ci hai scritto un libro sopra!"*

Nessuno può negare che chi scrive un libro acquista una certa autorità sull'argomento trattato. La società rispetta e venera gli autori anche dopo la loro morte!

Questo semplice metodo di scrittura e i suggerimenti del corso ti consentiranno di produrre su qualunque soggetto un valido eBook appetibile per eventuali acquirenti.

. . .

Prima di iniziare, diamo però uno sguardo alle tre più comuni obiezioni che ti impediscono di sentirti pronto per questa impresa.

Prima obiezione: non so scrivere

Non è necessario saper scrivere, almeno non nel senso tradizionale del termine e di certo non nel modo che hai appreso a scuola! Ciò che serve è invece saper spiegare le cose in un tono molto simile a quello di una semplice conversazione. Rilassati! "Scrivere" vuol dire spiegare qualcosa in modo da mettere a proprio agio i tuoi interlocutori, permettendo loro di comprendere e usare le informazioni che dai.

Non badare alla tua abilità di scrittore e immagina al contrario di dover spiegare qualcosa a un amico davanti a una tazza di caffè o a una birra. E' il modo migliore di scrivere, fidati di quanto ti sto dicendo!

Seconda obiezione: non ho niente da dire

Ti sarà capitato almeno una volta nella vita che qualcuno si sia rivolto a te. Ti sei mai chiesto il perché? Perché TU sei in grado di rispondere ai loro bisogni!

La gente ha bisogno di porre domande di idraulica, immobili, pittura, assicurazioni, banche e molto altro. La gente vuole risposte a tutto questo!

. . .

Raccogli dunque delle risposte e usale come base per il tuo eBook.

- Se sei un ragioniere o commercialista, puoi scrivere un libro sui cinque modi di risparmiare con le tasse.
- Se sei un chiropratico, scriverai sui 10 modi di prevenire il mal di schiena.
- Se hai un ristorante, potresti rivelare in un eBook i segreti delle tue ricette e della gestione di un ristorante.

C'è sempre qualcosa, te lo garantisco, nel tuo lavoro o nel tuo hobby, che può essere trasformato in un eBook adatto ad uno specifico gruppo di persone che sarebbero disposte a comprarlo.

Mettiti in testa che NON devi dar via tutta la tua professionalità. Devi solo elargire a pagamento saggi e pratici consigli su un problema specifico che nel contempo ti confe-riscano maggiore autorevolezza e facciano di te un esperto nel tuo lavoro. Tutto ciò ti aiuterà, sia che ti occupi abitual-mente di qualcosa nel Web, sia che la tua attività sia off-line.

Diventare un esperto crea le basi per vendere più prodotti negli anni a venire. Tali prodotti potranno essere i tuoi o quelli di altri con cui potrai condividere i profitti. In tutti i casi, agli occhi di chi acquista e legge il tuo eBook, sarai tu l'esperto!

. . .

Terza obiezione: non voglio metterci molto a scrivere

Non preoccuparti! Il tuo libro sarà molto più breve di "Guerra e pace"!

Il libro più venduto di Joe Vitale, "Mettete un turbo ai tuoi scritti" è lungo solo 22 pagine, due delle quali sono modelli da compilare per ordinare più copie dello stesso libro! Il testo vero e proprio riempirebbe non più di due pagine, scritte fronte-retro con spaziatura singola; tuttavia il suo contenuto è così forte che attualmente è alla sua ottava ristampa!

Puoi anche scrivere un testo breve, ma non altrettanto forte, purché ti assicuri che la gente sappia apprezzarne il valore monetario!

Esiste un eBook di sole sette pagine che è stato venduto ad un prezzo compreso tra i 30 e i 50 dollari, senza che quasi nessuno dei suoi lettori abbia mai chiesto i soldi indietro. Questo successo dipende dal fatto che l'argomento del libro è uno di quelli in cui prima o poi si imbattono tutti coloro che fanno affari in internet: il costo elevato dei meccanismi on-line di compravendita e di accettazione delle carte di credito.

Il libro in questione non fa che rendere note delle fonti e agenzie che mettono in grado chi pubblica on-line informazioni e software, senza contare chi vende normali articoli commerciali, di accettare carte di credito senza pagare i consueti anticipi esagerati. Questi ultimi sono normalmente compresi tra i 200 ed i 500 dollari. Tuttavia, e ciò è ancora peggio, coloro che accettano di pagarli sono anche obbligati a stipulare un contratto di 4 o 5 anni in cui si impegnano a versare tra i 30 e i 50 dollari al mese, qualunque sia il risultato dei loro affari in rete!

L'autore dell'eBook che ha consentito a migliaia di persone di risparmiare questi costi esagerati aveva iniziato col cercare informazioni che credeva facilmente reperibili on-line, ma che si accorse essere in realtà inaccessibili. Messi insieme tutti gli sforzi compiuti, egli redasse il libro con i risultati della sua ricerca. Di conseguenza, i lettori del suo "progetto" si dimostrarono più disposti a versare una somma contenuta per acquistarlo, piuttosto che perdere intere settimane nella frustrante ricerca dei diversi modi di accettare carte di credito senza pagare anticipi, né rate mensili.

Come vedi, non è necessario scrivere un lungo libro per poter avere successo. Tutto ciò che ti serve è concepire un eBook che abbia un contenuto di alto valore per il quale la gente sarebbe disposta a pagare!

Allora, come scriverò questo eBook?

E' più facile di quanto pensi!

Segui il piano d'azione contenuto nel paragrafo successivo. Si tratta di un piano che può essere modificato secondo le tue esigenze. Vedrai che otterrai in una sola giornata una bozza completa del tuo primo eBook!

Sei pronto? **Si parte!**

11

PRIMO GIORNO (SABATO MATTINA): L'INIZIO DI TUTTO

Prima cosa in assoluto: prendi un foglio e fai una lista degli argomenti su cui avresti sempre voluto scrivere un libro (se hai seguito i capitoli precedenti, dovresti già avere un po' di appunti!).

Butta giù tutto ciò che ti viene in mente, anche se ti sembrano sciocchezze. Sappi che questo elenco è solo per te. Nessuno avrà modo di guardarci dentro. Perciò, sbizzarrisciti ad annotare qualunque idea, per quanto folle possa sembrare. Stai creando una lista di tutto ciò su cui hai sempre immaginato di scrivere; perciò, va bene tutto! Questa tecnica, chiamata "Brainstorming" (letteralmente: "tempesta di cervelli") è largamente utilizzata dai creativi di tutto il mondo con enorme successo. Non sottovalutare questo punto in quanto sarebbe il primo passo falso!

Divertiti in questa fase, ma assicurati di scrivere proprio tutto ciò che riesci a farti venire in mente. La lista ti sarà utile anche quando, avendo pubblicato con successo il tuo primo eBook, ne vorrai scrivere un altro!

Spremi dal tuo inconscio tutte le più folli idee che avresti mai voluto realizzare, perché da questa lista dipendono la tua fortuna, la tua felicità e il tuo successo, in un modo che neanche immagini! Esegui questo compito nonostante tu abbia già una idea chiara di cosa scrivere! Ti aiuterà a chiarirti con te stesso, suggerendoti cose che non avevi fino a quel momento considerato.

Terminata la lista, accertati che la tua mente sia stata svuotata fino all'ultima idea e prenditi una pausa. Rilassati pochi minuti, in attesa di passare al punto successivo.
Ora, dai uno sguardo alla tua lista.

Cosa ti eccita di più? Su quale argomento hai davvero voglia di scrivere, anche se non ne hai i mezzi? Fai un cerchio attorno alle idee o ai titoli che ti sembrano più attraenti. Divertiti!

In seguito, passa in rassegna le cose che hai selezionato, anche se ve n'è più d'una, e pensa: sarei in grado di assemblare tutte queste cose in una sola idea per un libro?

Se non è così o se il risultato non ti soddisfa, quale di queste idee ti piace di più?

. . .

Cerca dunque di ridurre tutto a un'idea sola, o di estrarre fra molte cose incompatibili quella che **realmente** vorresti trattare in un libro.

Fidati del tuo intuito. Anche se la mente sceglierebbe qualcosa che sembra avere più senso, il tuo cuore ti saprà indicare ciò che fa parte dei tuoi veri interessi. Segui il cuore! Se lo farai, scriverai un magnifico libro e ti divertirai a farlo!

E' tempo di decidere!

Fuga ogni dubbio e scegli. Se non ci riesci, metti tutto in un cappello e tira a sorte! Una volta fatta la tua scelta, non ci pensare più e cerca di entusiasmarti!

Stai per creare qualcosa di eccezionale e di magico che già da ora si accinge a varcare i confini di te stesso e della tua vita!

Nota: *non cestinare la lista, ma mettila in un posto dove potrai consultarla in futuro, quando probabilmente vorrai scrivere qualcos'altro. La lista potrebbe contenere altre idee legate a quella del tuo primo libro.*

Un punto cruciale: la dichiarazione di intenti

Ora dovresti scrivere una affermazione che guidi la tua mente e dia forma al potere del tuo inconscio nei confronti di ciò che ti accingi a fare.

Devi decidere ciò che **esattamente** vuoi fare.

· · ·

Vuoi scrivere un manuale di 100 pagine che aiuti i venditori a migliorare la loro carriera o insegni loro dei trucchi?

Vuoi scrivere 75 pagine che raccontino notizie poco note sul tuo settore o la tua professione e che permettano alla gente di risparmiare tempo o denaro?

Vuoi scrivere un libro che ritragga coloro che hanno sfondato nel tuo campo, rivelandone trucchi e segreti e spiegando il metodo del loro successo?

Oppure vuoi scrivere un testo di 50 pagine con le istruzioni base su argomenti quali:

- Cucina
- Pittura
- Assicurazioni/pianificazioni finanziarie
- Pubblicazioni on-line
- Carte di credito on-line
- Mettere su un business on-line che funzioni
- Tracciare il tuo albero genealogico on-line
- Migliorare la propria casa
- Qualsiasi altro argomento di nicchia!

È ora venuto il momento che tu aggiunga una dichiarazione di intenti o una frase che determini ciò che ti aspetti dalla vendita del tuo eBook.

· · ·

Cosa **vuoi** veramente dal tuo eBook?

- *Guadagnare centinaia di euro?*
- *Conquistare la tua indipendenza economica aiutando altri ad ottenerla?*
- *Cambiare la vita della gente?*
- *Impressionare i tuoi simili?*

Scrivi una dichiarazione personale che definisca il tuo obbiettivo di fondo. Ciò preciserà esattamente le tue aspettative riguardo all'eBook, chiarendoti su chi o cosa vuoi avere un impatto e sugli effetti che dovrebbe avere la pubblicazione del tuo testo. *Scrivilo a caratteri cubitali su un cartoncino ed appendilo davanti alla tua scrivania per tenerlo sempre sott'occhio.* **Non sottovalutare questo punto**, anche se potrà sembrarti stupido, ma sarà l'unico modo per "parlare con il tuo inconscio" e far si che venga fuori il capolavoro che avevi sempre sognato. Fidati e fallo, per piacere!

A titolo di esempio, dai uno sguardo alla dichiarazione di intenti che ha preceduto la stesura dell'eBook che stai leggendo:

"Creare uno strumento esauriente, comprensibile e utile per l'ideazione, la stesura, la pubblicazione e la vendita di eBook in un paio di week end. Dedicato anche a chi non sa né scrivere bene, né digitare sulla tastiera e può concedere solo i fine settimana liberi a questa attività."

. . .

Non sorvolare su questa parte importantissima del processo! Prenditi il tempo necessario per buttare giù un'affermazione che sia attinente ai tuoi desideri. Ma allo stesso tempo, non lasciare che questa fase ti blocchi più del necessario. Se non riesci a scrivere nulla e ti senti a disagio, fai del tuo meglio e lascia stare, per il momento. Rivedrai questo punto più tardi.

Comunque sia andata: *congratulazioni*, hai appena superato la parte più importante di questo corso!

L'affermazione che hai messo nero su bianco permetterà al tuo subconscio di lavorare attorno al tuo progetto anche nel bel mezzo delle tue occupazioni quotidiane: mentre fai la doccia, schiacci un pisolino, lavori, etc.

Il potere dell'inconscio andrà diritto per la sua strada come una freccia che punta al bersaglio che hai scelto.

Non è straordinariamente facile, tutto ciò?

12

PRIMO GIORNO (SABATO POMERIGGIO): PRENDI APPUNTI

Ciò che ti serve ora è un taccuino o un documento word sul quale scrivere. Infatti, sta per succedere qualcosa nella tua testa!

Le idee presto salteranno fuori all'impazzata e devi avere un posto dove fissarle. Ti capiterà di ricordare fatti, citazioni, intuizioni, persone, luoghi, cose e molto altro ancora! Devi buttare giù tutto ciò sul taccuino o sul computer in modo da poter organizzare tali elementi come in una sequenza.

Rifletti: la tua mente ha recepito l'obiettivo. Le hai detto di voler scrivere un libro su un dato argomento, fissato con chiarezza nella tua dichiarazione nel corso della mattinata. Ora, come un meccanismo automatico o un computer, la mente ha preso ad elaborare centinaia di idee che potresti includere nel tuo eBook. Devi solo prenderne nota.

. . .

In questa fase, non si tratta propriamente di "scrivere" qualcosa. Devi piuttosto fissare frasi brevi o parole chiave che ti richiamino rapidamente il materiale che è sorto nella tua testa.

Potresti ad esempio voler ricordare un episodio spaventoso che hai intenzione di includere nel libro per illustrare un certo concetto. Piuttosto che scrivere tutto l'episodio, fissa poche parole chiave che te lo facciano ricordare in seguito.

Dovresti anche iniziare a *dare una direzione* al tuo libro:

- Se la traccia di una sequenza di idee si fa strada in te, prendine nota.
- Se ti senti spinto a buttare giù un indice o un elenco di contenuti, fallo.
- Se pensi di dover fare una ricerca on-line, accingiti a farlo.
- Se invece non ti viene in mente nulla, non preoccuparti! Il processo avrà comunque luogo a qualche livello inconscio.

Infine, se questo metodo ti mette a disagio, usa il seguente sistema per stimolare la tua creatività: prendi un foglio e fai uno schizzo della copertina del tuo libro. Ciò, oltre che divertirti molto, permetterà alla tua mente di focalizzarsi sul risultato che vuoi ottenere. Non importa quanto pazzo, sconsiderato o indecoroso possa sembrare: fatti venire in mente qualcosa!

. . .

Pensa al titolo e all'immagine che metteresti in copertina. Di che colore la vedi?

Non pensarci troppo: semplicemente, pensa col cuore! Fai lavorare il tuo istinto. Lasciati andare, muovi la penna sul foglio, qualcosa uscirà!

Se ciò non ti aiuta, si tratta solo di blocchi psicologici con i quali dovrai lottare! Prova quest'altro metodo: di solito questa tecnica viene utilizzata non solo per fare ordine nella mente nel caso le idee fuoriescano come acqua da un idrante, ma anche per darti una motivazione così forte da riuscire talvolta a finire il tuo libro in un paio di giorni!

Questo potente sotterfugio ti smuoverà di certo: **Scrivere la presentazione del libro prima che il libro esista davvero!**

Proprio così: butta giù la presentazione che useresti per pubblicizzare il libro. Le più accreditate tecniche di marketing on-line non usano più di due pagine per vendere qualsiasi cosa: la prima pagina contiene la presentazione. La seconda, è un modulo per ordinare il prodotto e pagare con carta di credito.

Inverti dunque il processo e presenta il prodotto prima di averlo finito!

. . .

Sii convincente e descrivi tutti i vantaggi, le garanzie e i benefici che potrebbero derivare dalla lettura del tuo libro.

Precipitati a descrivere tutto ciò che la gente imparerà e i vantaggi che ne ricaverà, le gratificazioni inaspettate che ne deriveranno, i cambiamenti di vita che potrebbero prodursi! Usa tutte le armi a tua disposizione per descrivere le meraviglie contenute nel testo! Fai in modo che **nessuno** della tua nicchia target possa dire di no alla tua incredibile offerta.

La cosa straordinaria di questo esercizio è che una volta messa nero su bianco una presentazione convincente e ispirata, non si può fare a meno di scrivere per davvero un libro basato su di essa!

La presentazione non fa che elencare le qualità del libro e, mentre la si scrive, la mente si focalizza spontaneamente sul progetto motivandosi a portarlo a termine.

Anche se non ti accingi ancora a scrivere l'eBook, pianifica ogni possibilità e pensa a tutti gli argomenti che esso dovrebbe includere. Scrivi la presentazione in modo irresistibile e attraente, includendo tutto ciò che persuaderebbe la gente ad acquistare il libro.

Apri la tua mente! Non importa se sei in grado di scrivere o no il tuo

eBook. Scrivi questa fatidica presentazione e la tua mente immaginerà da sola il modo di portare avanti tutto ciò che hai stabilito di fare.

. . .

Infine, considera questo metodo come un esercizio mentale: l'esercizio consiste nel creare una presentazione irresistibile!

Per oggi, non fare nient'altro. Quando avrai finito, fai una passeggiata o dedicati alle tue consuete attività quotidiane.

13

SECONDO GIORNO (DOMENICA MATTINA): INIZIA LA CORSA!

O ra, apri il tuo block notes, prepara la penna o sistema la tastiera del tuo PC: *si scrive!*

Non badare a come ti senti... ignora quella dose di scetticismo o di apprensione che ti fa sembrare di non essere pronto.

Semplicemente... **fallo! AGISCI, <u>AGISCI ADESSO.</u>**

Se sarai capace di rilassarti e di abbandonarti al flusso delle cose, ti garantisco che tutto filerà liscio.

Molti "maestri" di scrittura usano questo atteggiamento nella stesura della prima bozza di uno scritto, addirittura utilizzando speciali software che fanno in modo di farti concentrare esclusivamente sul testo da scrivere "di getto".

Sei pronto dunque?

- Non controllare ciò che stai scrivendo…
- Non guardare ciò che hai già scritto…
- NON fermarti!

Continua a muovere la mano sul foglio o la tastiera e resta concentrato. Tutto qui!

Chi sostiene che scrivere è arduo o è una sofferenza, di solito fa qualcosa che non cesseremo mai di sconsigliarti. Costoro infatti correggono mentre scrivono, **cosa che tu non dovrai mai fare!**

Il blocco dello scrittore è causato da una voce interna che ci sussurra: "Non sai cosa stai facendo!". Per il momento, allora, dille di andarsene! La voce ti sarà utile in seguito, quando farai le necessarie correzioni al tuo testo.

Ora invece, è importante buttare giù le tue idee in modo da accumulare del materiale su cui lavorare. Considera tutto ciò una bozza molto rudimentale che in seguito dovrai perfezionare.

· · ·

Dovendo iniziare a scrivere qualcosa, è meglio non fermarsi, non correggere, ma scrivere, semplicemente scrivere!

In questa fase, è molto importante non giudicare il tuo lavoro. Se lo farai, sarai assillato da domande del tipo:

- Ha senso tutto ciò?
- Sto facendo la cosa giusta?
- Qualcuno mi crederà?
- So cosa sto dicendo?

Allora, ecco il motivo per il quale non devi porti alcuna domanda. Semplicemente, scrivi!

Butta giù tutto ciò che ti salta in mente.

Se non ricordi una data, un nome o qualche altra informazione, NON FERMARTI, traccia una breve nota in parentesi e prosegui! Più tardi, potrai riempire quello spazio vuoto.

Per adesso invece, continua a scrivere, non importa come. Concentrati su ciò che passa per la tua mente e CONTINUA A SCRIVERE! Non fermarti!

Pensa alla scrittura e alla correzione come a due processi distinti, che ti sarà impossibile adempiere nello stesso momento.

. . .

Non staccare la mano dalla tastiera o dal foglio. Scrivi tutto… scrivi nonsensi… grovigli di idee… qualsiasi cosa…

Anche se, probabilmente, sarai scioccato nello scoprire che la tua mente, avendo covato a lungo intorno all'argomento della dichiarazione d'intenti scritta in precedenza, non fa che escogitare elementi utili alla stesura dell'eBook. In altre parole, una volta stabilito un obiettivo, la tua mente non può non procedere spontaneamente in direzione di esso, evitando così di concepire nonsensi e idee sconnesse.

Impiega almeno una o due ore a scrivere senza fermarti. Puoi suddividere il tempo in sessioni di un'ora, mezz'ora o venti minuti. A te la scelta! Puoi stare anche una intera giornata a scrivere. Perché no?

Sappiamo bene che non sei in grado di completare un intero libro in due ore. Di certo, però, è possibile finire la bozza del testo in un paio di giorni. Ma una volta partito, saprai tu regolarti con i tempi giusti, cercando di intervallarli il meno possibile, cercando di completare quanto prima possibile la prima bozza.

Se dunque vuoi davvero terminare il tuo eBook entro due week end, come si prefigge questo libro, dovrai scrivere, scrivere, scrivere, e ancora scrivere!

Se stamani hai iniziato presto e ti sei fermato solo per andare in bagno e mangiare un boccone, non è da escludere che potrebbe anche capitarti, di finire il tuo eBook proprio oggi! Se davvero riuscirai a scrivere senza fermarti, potrai almeno completare la prima bozza in un giorno solo.

Ricorda infine che la scrittura è comunicazione. Perciò ti sarà utile immaginare di scrivere il tuo libro come se fosse una lettera ad un amico. Ciò ti aiuterà a non distoglierti dall'argomento, conservando un tono concreto e amichevole. Più terrai nella mente il tuo amico, più sarai sicuro che il tuo scritto sarà chiaro e facilmente comprensibile.

E' il tuo turno, ora!

Lascia stare *questo* libro e mettiti a scrivere... *il tuo libro*, ricordandoti di divertirti alla scoperta delle tue potenzialità!

14

SECONDO GIORNO (DOMENICA POMERIGGIO): SCRIVI ANCORA

Giusto il tempo di un buon pasto leggero e anche un breve riposino, e poi si riparte! Questo è il momento giusto, non lasciartelo sfuggire!

Continua le tue sessioni di scrittura senza interromperti. Un ottimo sistema è quello di utilizzare un timer per lavorare per 25 minuti, fare una pausa di 5 minuti e riprendere per altri 25 minuti. Ripetere questo ciclo per 4 volte e fare 20 minuti di pausa, e poi nuovamente un ciclo di 25 minuti, pausa da 5 etc. Questo sistema, chiamato "tecnica del pomodoro" è stato inventato da un italiano: Francesco Cirillo, ed è di grandissima efficacia per aiutarti a mantenere una concentrazione altissima senza stress.

Ritornando ai contenuti, ancora una volta, ti raccomando di non fare correzioni e non giudicare ciò che hai scritto!

La tua prima bozza, per quanto grossolana, probabilmente supererà le tue aspettative. Mentre scrivi infatti, non ti è possibile considerare con obiettività il lavoro che stai facendo – non ci provare nemmeno! Perciò limitati ad andare avanti sospendendo il giudizio "a più tardi"!

E' possibile che tu ti accorga di stare scrivendo in anticipo la fine del libro, o che stai mettendo per ultimo la parte centrale. E' possibile che tu senta di stare piantando una grana a qualcuno. E' possibile che ti sembri di non esserti spiegato bene.

Non importa! Perfezionerai tutto più tardi. Per ora, il tuo scopo è *non fermare la mano* e lasciare che le idee scorrano liberamente – **perciò, fallo! Agisci!**

Se lasci davvero libera la mente, ciò non sarà un'impresa difficile. Prendi nota di tutto ciò che dal profondo del cuore sorge sul tuo argomento preferito, e fallo mentre sei in preda alla passione. Devi scrivere pensieri appassionati. Se scriverai senza fare correzioni, il disagio che molti provano accingendosi a scrivere sparirà come per incanto.

Se continui a farlo, finirai la prima bozza entro i tempi che avrai stabilito. Sarà forse difficile immaginare che questo scritto possa diventare un libro. Tuttavia è proprio da lì, credimi, che l'eBook salterà fuori. Altre poche ore ed il miracolo avverrà. E tu, finalmente, potrai meritarti un po' di riposo (ma con che gratificazione!).

TERZO GIORNO (SABATO): CONTINUA A SCRIVERE, E ANCORA SCRIVERE.

Se stai seguendo la tabella di marcia prefissata, quella dei due week end di lavoro, questa sarà una giornata nella quale non farai altro che continuare a scrivere.

Sicuramente nel corso della settimana avrai avuto la curiosità di voler rileggere qualcosa. Ma spero che tu non l'abbia fatto! Siamo in una fase dove è ancora presto tirare qualsiasi tipo di conclusione ed in alcuni casi la rilettura potrebbe addirittura essere deleteria! Non è la prima volta che qualcuno preso da un inspiegabile sconforto, non abbia deciso di gettare via tutto.

Quindi, riprendiamo a scrivere, scrivere e ancora scrivere!

QUARTO GIORNO (DOMENICA MATTINA): DAI FINALMENTE ASCOLTO A QUELLA "VOCINA": È TEMPO DI CORREZIONI

ra è il momento di correggere il tuo libro.

Per prima cosa, organizza il testo.

Forse la parte iniziale dell'eBook è sepolta in mezzo a un migliaio di brogliacci. Estraila da lì e mettila all'inizio. Fai lo stesso per le altre sezioni, disponendole nel posto più adatto. Non diffidare del tuo istinto. Tu sai più di ogni altro il modo migliore di riorganizzare tutto quel materiale, perciò, fai ciò che senti di fare.

Quando ti sembrerà di aver riorganizzato il tutto, passa alla seconda fase.

Seconda cosa, elimina tutto ciò che non serve.

Certo, è duro rinunciare a quella parola o quella frase meravigliosa, ottenuta a prezzo di enormi fatiche! Pensa però alla tua dichiarazione d'intenti. Se qualcosa non concorda con essa, dovresti eliminarla.

Ad esempio, se hai buttato giù una storia che non c'entra nulla col resto, toglila di mezzo senza complimenti.

Terza cosa, sfoltisci le pagine.

Se hai omesso nomi, date o fatti importanti, aggiungili.

D'altra parte, se alcune pagine sono troppo prolisse, cerca di sfoltire tagliando le cose inutili o scrivendo la stessa cosa senza troppi aggettivi o avverbi.

Se hai ripetuto troppe volte la stessa parola, consulta il thesaurus e cerca dei sinonimi, purché non siano troppo enfatici e altisonanti. Usa termini che puoi sentire "tuoi", del tuo linguaggio, ma soprattutto di quello dei tuoi lettori.

Quarta cosa, sfoltisci l'inizio e la fine del libro.

Spesso, ma non sempre, l'inizio e la fine di un testo contengono parti inutili. Quando si scrive può capitare di buttare giù qualcosa all'inizio senza aver ancora centrato l'argomento. Lo stesso avviene alla fine, se si aggiungono cose inutili semplicemente perché si ha l'impressione di terminare il testo troppo bruscamente.

· · ·

Leggi dunque con attenzione queste parti sensibili della tua opera e assicurati che contengano solo ciò che dovrebbero contenere e che non escano fuori tema. Tieni sempre in mente la tua dichiarazione d'intenti. Se ti sembra che il testo migliori facendo a meno di qualche sua parte, eliminala.

Quinta cosa, prova a suddividere il testo in parti più piccole.

I libri tradizionali sono divisi in capitoli e paragrafi. L'eBook invece deve contenere informazioni facilmente accessibili. Può capitare di acquistare un eBook solo perché si ha bisogno di una piccola parte di esso. Spesso dunque, non si ha tempo, né voglia di leggerlo tutto.

Suddividere il tuo testo in frammenti renderà più facile agli utenti leggere le parti che interessano, soprattutto se sfogliano il tuo libro sullo schermo di un computer.

Ripartisci dunque ogni paragrafo in sezioni più brevi, ciascuna di esse contrassegnate da una voce che a sua volta introduce delle sottosezioni. Fai in modo che i tuoi lettori non stanchino troppo gli occhi, oltre che la mente.

NOTA: *L'incremento delle sezioni e sottosezioni contrassegnate da voci, introducendo più spazi bianchi, permetterà anche di accrescere la percezione della lunghezza del testo. Ciò ti farà prendere due piccioni con una fava. Da una parte, renderai più leggibile il* *testo, dall'altra darai la sensazione di una lunghezza maggiore che renderà più accettabile la spesa per acquistare il libro.*

Formattare e rendere leggibile il tuo scritto è in realtà un favore che fai ai tuoi clienti.

Passa tutto il tempo che ti serve per organizzare, sfoltire e formattare al meglio il tuo eBook.

Come ottenere correzioni gratuite

Non rendere la correzione del tuo testo un'impresa insormontabile. Fai del tuo meglio, ma non insistere oltre. Vorrei invece che, una volta terminato il lavoro, tu contattasti almeno sei parenti, amici o colleghi chiedendo loro di dare un'occhiata al libro. Se accettano, invia il testo per e-mail e chiedi loro di spedirti dei commenti.

Evita la trappola in cui cadono gli autori inesperti: questa gente vuole aiutarti e ti sta fornendo un servizio che di solito viene pagato profumatamente! Prendi dunque in considerazione i loro giudizi senza offenderti, e sii grato per la loro gentilezza. In altre parole, non essere suscettibile e cerca di migliorare!

Se qualcuno ti indicherà delle parti del testo che gli sembrano errate, oppure ti suggerirà di perfezionare qua e là o ti chiederà dei chiarimenti, puoi essere d'accordo o meno, ma non devi dimenticare che sei stato tu a pretendere il loro aiuto. Non credo che le persone da te scelte sarebbero capaci di danneggiarti con commenti malevoli e inutili sul tuo eBook.

Se tutte le persone che hai contattato ti indicheranno gli stessi punti deboli nel tuo testo, dovresti focalizzarti su di essi e sentirti eccitato dalla possibilità di perfezionare sempre più il libro. Ancora una volta: non pensare che chi si prende cura di te possa mentirti. Ti sta solo aiutando!

Accetta i suggerimenti, le richieste di chiarimenti, le correzioni grammaticali, le indicazioni sulla formattazione e sugli aneddoti che hai introdotto. Accetta qualsiasi cosa, anche se ti sembra negativa: sei stato tu a volerla!

Hai richiesto questo tipo di riscontro **prima** che una folla di gente paghi 20, 30 o 40 euro per acquistare il tuo libro e ogni errore contenuto in esso ti causi dei problemi con loro.

Richiedi dunque con la massima gentilezza queste correzioni amichevoli e non prendere ogni commento come una questione personale!

Dopo aver raccolto tutti i suggerimenti, torna sul testo e fai tutte le correzioni necessarie.

Infine, chiediti:

- Ti sembra un buon eBook?
- Ne sei soddisfatto?
- Risponde alla dichiarazione di intenti?
- Se non è così, c'è qualcosa che dovresti aggiungere?

Terminata questa fase, passa al prossimo punto, dedicato alla pubblicazione del libro in una forma che lo renda disponibile a tutti navigando su internet. Leggi molto attentamente la prossima sezione!

QUARTO GIORNO (DOMENICA POMERIGGIO): PUBBLICARE L'EBOOK SUL WEB!

NOTA: *Gli scrittori più smaliziati in realtà eseguono tutti questi stadi contemporaneamente, completando il tutto anche in una sola giornata! Non importa però che tu segua necessariamente le loro orme. L'importante è che ti renda conto che è possibile (e che è molto più utile e desiderabile) scrivere un eBook in un paio di week end, pubblicandolo sul web invece di impiegare mesi in faticose correzioni.*

Riguardo la pubblicazione, ci sono diversi punti da studiare attentamente, pertanto nel prossimo capitolo potrai studiare tutto quanto necessario.

18

PUBBLICARE SUL WEB

Diciamo la verità. Non tutti coloro cui venderai il tuo eBook posseggono i computer e i programmi più aggiornati. Se dunque il formato del libro non è compatibile, otterrai una quantità di richieste di rimborso.

La pubblicazione vera e propria di un eBook avviene oramai con un unico e riconosciuto metodo che potremmo definire "universale": la trasformazione in file PDF, che si può leggere col programma gratuito Acrobat Reader.

I motivi di ciò sono i seguenti:

1. I documenti PDF sono universalmente leggibili, purché si abbia Acrobat Reader installato nel computer. E' ovvio che se leggi questo eBook ne hai uno anche tu.
2. Il testo in PDF apparirà sempre allo *stesso modo* in

> qualunque computer. Ciò è importante se, ad esempio, hai incluso dei grafici e delle tabelle.
>
> 3. Adobe Acrobat è un programma molto stabile. Raramente accade che qualcuno non possa aprire un documento o abbia problemi a leggerlo o a stamparlo. Ciò elimina gran parte del tempo che dovresti dedicare all'assistenza tecnica ai tuoi clienti. E questo è un gran vantaggio, se stai vendendo migliaia di copie!

Fa eccezione la pubblicazione su Amazon, che deve avvenire in formato ePub ma anche semplicemente con Word! *Facilissimo.*

Per convertire un testo in PDF devi utilizzare uno speciale software di conversione. Ne esistono diversi in commercio, tutti molto simili tra loro.

Sarà sufficiente cercare su Google "software conversione PDF" ma tieni anche presente che le versioni più recenti degli elaboratori di testi (Word in primis) integrano già questa funzione che potrai trovare tra le opzioni di salvataggio del file. Davvero facilissimo!

Se invece opterai per un software esterno, il funzionamento sarà all'incirca il seguente: il software creerà una "stampante virtuale". Tu stamperai il tuo eBook che presumibilmente avrai scritto con *Microsoft Word* (o l'ottimo *Pages*, se sei un utente Mac come me), selezionando dal menù "stampa" il software (esempio "Cute PDF" se si utilizza questo noto software gratuito di conversione in PDF).

. . .

Il software non stamperà su carta, ma si aprirà una finestra con scritto "salva con nome", proprio come se fosse un normalissimo file (ed infatti è un file!). Indicherai il desktop, ad esempio, e li avrai la copia in PDF del tuo primo eBook.

Auguri!!!

Come sopra anticipato, tieni sempre presente che tutte le recenti versioni dei sistemi operativi Windows e Mac consentono di "stampare" in PDF in quanto integrano la funzione stessa. Con Windows da Word puoi selezionare "Salva con nome" e sotto allo spazio del nome, dal menù a cascata puoi utilizzare "Salva come..." selezionando PDF (o ePub per Amazon).

Con questo formato il tuo eBook potrà essere letto agevolmente su qualunque computer, iPhone, iPad, o lettori ebook specifici, oltre che essere riprodotto da tutte le stampanti laser o a getto d'inchiostro.

19

CONSIDERAZIONI FINALI SUI FILE IN PDF

I l formato PDF è la scelta d'elezione per pubblicare un eBook, non solo per la stabilità che garantisce, ma anche perché viene letto da qualunque sistema operativo in qualsiasi computer immaginabile. A meno di circostanze del tutto ECCEZIONALI, devi perciò pubblicare il tuo eBook in questo formato.

Possiamo sicuramente definire circostante eccezionali la pubblicazione su Amazon, iTunes (iBook) e Feltrinelli. In questi casi per gli eBook è generalmente richiesto il formato ePub, ma per le copie cartacee è sempre richiesto il PDF.

Solo il PDF ti consente di condividere al massimo le informazioni e di proteggerle adeguatamente, limitando le possibili modifiche al testo, la copia di alcune sue parti e addirittura la stampa del documento.

. . .

In PDF puoi anche includere link attivi per l'accesso a siti web. Se ad esempio consenti ai lettori di accedere al sito di un programma citato nel tuo libro, farai sì che essi ottengano maggiori informazioni e magari tu possa richiedere una percentuale sulla vendita del programma stesso. Questa semplice caratteristica del PDF può aumentare di molto le tue entrate.

NOTA: *Questa funzione può essere attivata solo nei testi configurati con alcuni software di conversione in PDF. Accertati che tu sia in possesso di uno di questi.*

20

UN'ALTERNATIVA: LA PUBBLICAZIONE "PRINT ON DEMAND"

Si tratta di un nuovo procedimento che permette di accedere al mondo delle pubblicazioni off-line senza i mal di testa e le perdite di tempo e denaro necessarie a trovare un agente e corteggiare gli editori, operazione che è sempre stata difficile, ma che negli ultimi anni è diventata quasi del tutto impossibile.

Il sistema offre un'ampia gamma di servizi, ma in sostanza permette di conservare un libro in forma elettronica in un "super computer" collegato ad una macchina da stampa ad alta velocità. Se qualcuno, tipicamente l'acquirente di una libreria tradizionale, ad esempio visita il sito della libreria che fornisce tale servizio, può acquistare il libro, sia come eBook che in forma cartacea.

Il bello di questo sistema è che, consentendo a tutti un certo guadagno, permette la pubblicazione continua di un testo, sia in singole copie che in una valanga continua di uscite.

. . .

I profitti legati a questa forma di pubblicazione non sono paragonabili a quelli che faresti vendendo direttamente il tuo eBook. A mio avviso è da suggerire solo in casi particolari e complementari. Sicuramente è da prendere in considerazione Amazon che in pochi passi consente la pubblicazione sia in formato eBook sia cartaceo, tutto a costo zero e facilmente.

21

LA STRADA FACILE: LA DELEGA EDITORIALE DELLA PUBBLICAZIONE

Ci siamo. Il tuo eBook è pronto. Ti sei dimostrato un abile scrittore, ed è tutto li nel tuo documento Word. Ora è sufficiente:

- Creare la copertina (eventualmente fatta realizzare da un grafico).
- Fare la correzione delle bozze.
- Impaginare.
- Convertire in PDF.
- Lavorare alla pubblicazione cartacea.
- Iscriverti ad un programma di pubblicazione, ad esempio di Amazon.

NON HAI VOGLIA O NON SAI FARE TUTTO CIÒ?

A questo ci pensa **Maltese Edizioni** (questo eBook è edito proprio grazie a questo straordinario servizio), il quale analizzerà il tuo progetto e realizzerà tutto per te!

Basterà semplicemente compilare un modulo e se l'editore sarà interessato, si occuperà di:

- Realizzare la copertina in modo professionale.
- Fare la correzione delle bozze.
- Impaginare il tuo eBook/libro nel formato compatibile con Amazon.
- Provvedere alla stampa e alla pubblicazione su Amazon con i vantaggi che solo un moderno "Web Editor" può e sa fare.
- Promuovere a livello nazionale il tuo eBook + libro tramite il loro ufficio stampa.
- Far apparire il tuo libro negli AMAZON BEST SELLER.
- Fare in modo che tu possa apparire nei primi posti nelle ricerche di Amazon (facci caso: quante pagine hai dovuto sfogliare per trovare questo eBook? con la chiave di ricerca "come scrivere un eBook", **appare al primo posto!**

Per maggiori informazioni è sufficiente seguire il seguente link: www.iltuolibroinunclick.com

22

COME INTERNET CAMBIA IL VOLTO DELL'EDITORIA

Una parte crescente di autori, compresi quelli con dozzine di libri all'attivo, pubblicano attraverso i canali "on demand", le e-mail e i siti web anziché con i metodi editoriali tradizionali.

Le tecnologie che riguardano la stampa computerizzata hanno prodotto il miracolo delle edizioni "on demand".

Con questa tecnica, un libro non viene stampato se non dietro precisa richiesta di un acquirente, eliminando così il rischio delle copie invendute.

Le edizioni "on demand" permettono anche di distribuire le copie di un libro sotto forma di eBook.

. . .

La vicenda che ti racconterò è però molto istruttiva a riguardo. Voglio ancora una volta porti ad esempio Joe Vitale, che ha scritto libri per organismi quali l'American Marketing Association e L'American Management Association.

La sua ultima opera, "Spiritual Marketing", tenta un approccio quasi metafisico alla realizzazione degli scopi che riguardano sia gli affari che la sfera privata di ciascuno di noi.

Dato il tono diretto e non convenzionale del libro, non stupisce che esso sia stato pubblicato in modo da riflettere queste stesse caratteristiche.
L'autore scelse le edizioni "on demand" della "1st Book Library"
(www.1stbooks.com).

Molti si aspettavano che avrebbe ottenuto lauti guadagni, sia nelle vendite che con i diritti d'autore. Ma il mondo dell'editoria ebbe invece uno shock nello scoprire che la pubblicazione di singole copie richiese anni, mentre la casa editrice non fece quasi nessuno sforzo per pubblicizzare l'opera.

La verità è che se l'autore vuole vendere un libro deve essere lui a pubblicizzarlo.

L'editore stampa il libro – **l'autore lo vende!**

. . .

Come dimostrato dal successo di Harry Potter, il "passaparola" rappresenta la migliore pubblicità per un libro. Per tale motivo, invece di rivolgersi al marketing tradizionale diretto al mercato di acquirenti casuali, Joe Vitale tentò un approccio differente per risolvere il suo problema.

Egli spedì una e-mail a tutte le persone che conosceva, parlando brevemente del libro e spiegando che il suo acquisto era possibile presso Amazon.com o 1stBook.com. Quelle e-mail innescarono un processo per cui chi leggeva il libro ne parlava agli amici invogliandoli ad acquistarlo. La cosa assunse ben presto una dimensione inaspettata e il libro divenne un successo mondiale.

Benché l'opera fu in commercio solo per un paio di mesi, l'autore ne vendette centinaia di copie, dando persino luogo a un dibattito con un famoso editore off-line.

Il libro innovativo di Joe Vitale è adatto a tutti coloro che necessitano di una spinta nella vita personale e negli affari. In più, il modo in cui l'opera si è fatta strada fino ai suoi lettori rende il suo acquisto ancora più attraente.

Un'altra storia recente riguarda invece due autori che, mediante una combinazione di edizioni in forma di eBook, di pubblicazioni "on demand" e di pubblicità tradizionale, non solo vendettero il loro libro, ma sfondarono anche nel campo dell'editoria tradizionale.

· · ·

Un altro "Harry Potter"?

Quando i due scrittori, Roger P. Myers e Albert E. Herbert Jr. stabilirono di scrivere il loro libro "The Quest", erano già degli esperti nelle pubblicazioni "on demand". Per promuovere le epiche avventure del loro libro, i due decisero di stabilire una connessione tra i due mondi assai differenti dell'editoria tradizionale e quella on-line. In tal modo, i loro racconti di maghi e illusionisti furono portati dal loro lontano passato al presente dei lettori contemporanei.

Myers e Herbert scelsero di servirsi di un editore on demand: Xlibris (www.Xlibris.com), piuttosto che intraprendere le frustranti e costose ricerche di agenti e editori. Tuttavia essi notarono che la presenza di un testo completo già pronto e confezionato li rendeva attraenti non solo da parte dei loro affezionati lettori, ma anche da parte degli editori tradizionali. Essi perciò piazzarono il libro presso una famosa agenzia letteraria, dalla quale ancora attendono una risposta; ma, nell'attesa, invece di restare con le mani in mano, intrapresero di loro iniziativa il solito approccio che prevede l'invio di cartoline promozionali ad una lista di indirizzi e la spedizione di copie-saggio ai media per le recensioni.

Sempre più autori scoprono che gli editori tradizionali fanno poco o nulla per promuovere i loro libri. I due autori perciò hanno considerato che il titolo di "Autore più venduto" include il termine "vendere". Ed è questo aspetto che hanno voluto prendere in considerazione.

Myers e Herbert, forti della loro esperienza in anni di attività editoriali, offrono i seguenti consigli ai nuovi autori: "Il nostro successo con le pubblicazioni on-line presso Xlibris e iUniverse (www.iuniverse.com) dipende dal fatto di non essere mai riusciti a procurarci un agente per la promozione dei nostri testi."

I due poi suggeriscono che, nonostante le pubblicazioni on-line schiudano possibilità impensabili rispetto ai percorsi tradizionali, esse conferiscono agli autori maggiori responsabilità. "Se avete qualcosa che vale la pena diffondere, potete tentare con il POD (print on demand); ma ricordate che voi non siete editori e che i servizi on demand non correggono i testi. Pertanto, assicuratevi che i testi che volete piazzare siano perfetti e promuoveteli voi stessi."

Myers e Herbert hanno alle spalle la pubblicazione di diverse opere di successo anteriori a "The Quest" ed hanno cambiato il volto dell'editoria on-demand.

Benché i servizi base di Xlibris fossero un tempo gratuiti, ora vengono proposti al costo di 200 dollari. Secondo i due autori, questa cifra è ancora irrisoria, se paragonata ai costi richiesti dagli editori specializzati nelle pubblicazioni di nuovi autori, i quali approfittano volentieri della "vanità" di questi ultimi.

Se vuoi pubblicare "on demand", i tre editori citati prima rappresentano l'optimum per il mercato americano, e puoi comunque dare un'occhiata per avere un termine di paragone:

. . .

1. www.xlibris.com

2. www.iuniverse.com

3. www.1stbooks.com

Un editore americano che funziona bene anche per il mercato italiano è Lulù, **www.lulu.com**, che può essere la soluzione ideale.

Altro editore italiano, validissimo, che assegna anche l'ISBN (ovvero il codice univoco dei libri) e ti consente di essere presente su una delle librerie on line più famose di Italia (**www.ibs.it**) è Lampi di Stampa: **www.lampidistampa.it** con il quale potrai avere anche "l'emozione" di poterti far stampare delle copie per te, oltre che il libro su richiesta, può essere ordinato in tutte le librerie italiane!

Recentemente anche Feltrinelli ha iniziato a lavorare sull'on demand. Trovi i dettagli sul loro sito ufficiale **www.lafeltri-nelli.it** . "Il mio libro è il link diretto: **https://ilmiolibro. kataweb.it**

Ultimo, ma sicuramente tra i più interessanti, è proprio Amazon, attraverso il servizio KDP (Kindle Direct Publishing) che consente di pubblicare immediatamente il proprio eBook e simultaneamente a costo zero anche la copia cartacea! Trovi tutti i dettagli qui:

https://kdp.amazon.com/it_IT/

Nel trattare con gli editori *on demand* e con gli altri sistemi di diffusione elettronica di testi, ti suggeriamo quanto segue:

1. Assicurati di detenere i diritti del tuo libro. Non lasciare che qualcun altro si goda i tuoi diritti nel caso tu trovi un modo migliore di promuovere o vendere il tuo libro.

2. Comprendi bene quanto ti spetterà dalle vendite delle copie del tuo libro e confronta le royalties offerte da diversi editori.

3. Leggi attentamente i contratti. *Non firmare nulla che non sia comprensibile* o che non ti faccia sentire a tuo agio. Se ti sembra vi sia qualcosa di sbagliato, rivolgiti a un avvocato o semplicemente cambia editore. Ve ne sono tanti, ormai: hai solo l'imbarazzo della scelta.

4. Non farti influenzare dalle promesse di aiuto nella promozione e nella vendita. Gli editori on demand includeranno il tuo libro in un registro che sarà a disposizione delle librerie, ma in realtà sei tu che devi promuoverlo.

5. Cerca di capire quello che fai e non dare per scontato di dover pagare molto un editore per sfondare. Spendere non garantisce sempre i risultati migliori. Inoltre, la tua regola dev'essere: guadagnare più di quanto si è speso!

. . .

6. Vi è qualche possibilità che una libreria tradizionale o qualche altro distributore di libri si interessi al tuo libro pubblicato on demand. In questo caso, confronta i prezzi e i servizi delle varie case editrici, prima di impegnarti con una di esse.

7. Leggi attentamente e accertati di aver compreso le procedure di immissione del testo nel sito on demand. Eventuali errori ti costeranno tempo e denaro.

8. CORREGGI ATTENTAMENTE IL TESTO! Gli editori on demand non effettuano correzioni di bozze, perciò errori di stampa, citazioni imprecise, riferimenti a fonti errate resteranno nel testo e nessun editore potrà rimediare!

23

10. UN DILEMMA: SCRIVERE O CORREGGERE?

Uno dei maggiori ostacoli da superare quando ti accingi a scrivere il tuo eBook in un paio di week end, è la tentazione di fare correzioni durante la stesura del testo.

Se vuoi costruire una casa, non ti metterai a dipingere ogni mattone man mano che costruisci un muro. Di solito, prima si tira su la parete e poi la si dipinge. *Non c'è un modo più veloce!*

Ogni volta che scrivi un libro, che sia su carta o un eBook, ci sarà sempre una vocina che dirà: "non sai scrivere!", oppure: "tutto ciò non ha senso!", o "chi vuoi che lo compri!"

Immagina di essere bambino e di stare costruendo un castello di sabbia. La prima cosa che fai è ammucchiare la sabbia umida che solo in seguito modellerai, tirando via tutto ciò che non serve a farla sembrare un castello. Mentre raccatti tutta la sabbia che ti serve, non puoi certo metterti a fare qualcosa di diverso!

Lo stesso capita con la scrittura di un testo:
Prima di correggere... **devi scrivere.**
Per poter scrivere... **devi iniziare a farlo.**

Tutto ciò sembra ovvio, lo so... ma se vuoi ottenere qualcosa che possa essere corretto, devi prima metterlo nero su bianco su un foglio o al computer.

Perciò, quando inizi a scrivere, disabilita la vocina che ti assilla e abbandonati al flusso.

Abbi fiducia nelle tue conoscenze e mettile alla prova!

Non devi pensare di scrivere un libro già bell'e pronto o di stendere prima il quadro generale del testo e poi includervi i singoli argomenti. Se fai una ricerca su un argomento, procurati prima tutta la documentazione di supporto, i materiali e le notizie che lo riguardano. Tutto questo sarà anche di aiuto a chi leggerà il tuo libro.

Cessa di preoccuparti... inizia a scrivere!

. . .

In sostanza, all'inizio del processo di scrittura in due week end, hai bisogno di uno sforzo cosciente per accumulare tutto il materiale creativo il più in fretta possibile.

In questa ventata di energia non lasciarti rallentare da alcuna vocina che possa instillare in te il dubbio. E' grazie ad essa infatti che molti non riescono a terminare (e in taluni casi, a iniziare) un eBook.

Questo è un peccato, perché la pubblicazione di un eBook aiuta non solo a guadagnare molto, ma anche a provare quella fantastica sensazione che deriva dall'aver dato vita a qualcosa di estremo valore per un gran numero di persone, ottenendo nel contempo riconoscimenti, prestigio e realizzazione professionale.

Come col castello di sabbia, accumula prima un testo grossolano che serva da materiale di costruzione e che solo in seguito potrai limare e perfezionare. Finché starai solo accumulando il materiale, non sarà possibile dargli una forma!

Ricorda poi di non fidarti solo di te stesso nella correzione: fatti aiutare dagli amici!

Non dare peso alla sensazione di essere poco portato a scrivere, scrivi col cuore e offri nel testo tutto il materiale, le informazioni e le conoscenze che puoi, organizzando il tutto più tardi, quando inizierai le correzioni.

· · ·

Se adotterai questo metodo, sono assolutamente certo che potrai scrivere e pubblicare il tuo testo servendoti del programma che ti abbiamo riassunto. Creerai così qualcosa che ti procurerà meriti personali e finanziari per molti anni a venire.

"Anche un percorso di 1000 km inizia dal primo metro."
L'altro ostacolo importante che blocca lo scrittore di eBook deriva dal considerare il progetto di un libro qualcosa di molto più grande e impegnativo di quanto in realtà non sia.

Ciò forse deriva dai ricordi della scuola o dell'università, quando gli insegnanti assegnavano letture di libri pesantissimi fatti di molte pagine, mentre noi a malapena riuscivamo a buttare giù cinque fogli di appunti.

Ti suggerirò ora qualche trucco che ti aiuterà a suddividere il progetto del tuo libro in brevi fasi molto più agevoli da affrontare, anche dal punto di vista psicologico!
Alcuni di questi punti sono già stati inclusi nel metodo di scrittura in due week end, perciò si trova da qualche altra parte di questo libro, ma voglio essere assolutamente certo che tu tenga presenti tutti questi argomenti DAVVERO importanti!

24

TRE TRUCCHI INFALLIBILI PER TIRAR FUORI UN EBOOK IN TEMPO RECORD

PRIMO TRUCCO: Scrivere una lettera

Scrivere come se si stesse buttando giù una lettera per qualcuno che conosciamo, amiamo e siamo davvero disposti ad aiutare: ciò può essere molto più facile e veloce che scrivere un libro!

Pensa a quello che devi scrivere, non come ad un libro, ma come ad una serie di lettere di aiuto. Pensa di voler davvero spiegare a qualcuno quello che vuoi dire e fai in modo che si capisca bene.

Conduci il lettore sul sentiero che lo porterà alla comprensione del tuo argomento, mettendo a disposizione gli strumenti necessari affinché chiunque possa riuscire a fare ciò che vuoi insegnargli.

. . .

Prova perciò a suddividere le informazioni in brevi paragrafi e abbozza ognuno di essi in forma di lettera.

Sai bene come si scrive una lettera, non è così?

Ricorda: potresti dapprima introdurre il problema, poi scrivere la soluzione e infine trarre le conclusioni che ognuno dovrebbe apprendere.

Ora hai tutto ciò che ti serve per spiegare il tuo argomento in forma di lettera. Questo metodo eccellente è in grado di trasmettere rapidamente qualunque informazione a chiunque ne abbia bisogno.

SECONDO TRUCCO: Fare un elenco.

Pensa a 10 motivi per cui valga la pena fare o capire qualcosa. Fai un elenco di tutto ciò, ti aiuterà a chiarire qualsiasi cosa nella tua mente.

Concentrati su 10 cose che vuoi comunicare.

Fai un elenco di tutti gli argomenti principali che vuoi affrontare nel tuo libro. Poi espandi ognuno di tali argomenti aggiungendo a ciascuno altri due punti che vi si trovano inclusi. Non importa se in questa fase scriverai frasi complete o singole parole. Devi solo organizzare le tue idee in modo da poter guidare il lettore in uno schema logico che includa tutte le tue informazioni.

. . .

In seguito, prendi ognuno dei sotto-argomenti e aggiungi ad essi altri punti ad essi correlati. Hai creato così un elenco di 30 punti, argomenti, idee o pensieri da trasmettere col tuo libro.

Ciò dovrebbe essere già sufficiente per creare ciò che potremmo definire un "rapporto" sull'argomento, la cui lunghezza potrà andare dalle 20 alle 30 pagine.

Se ai primi 10 punti che avevi elencato aggiungerai altri due sotto-argomenti, ai quali affiancherai rispettivamente due punti correlati, avrai totalizzato 90 argomenti!

Ti sarà ora possibile scrivere uno o due paragrafi per ciascuno dei punti elencati. Usando le tecniche esposte nel capitolo dedicato alla formattazione, potrai facilmente e rapidamente ottenere un grazioso
eBook.

Un qualsiasi documento di 90 o 180 pagine che magari avevi già scritto per qualche altro motivo, può essere trasformato in un eBook aggiungendo qualche cosa in più, come ad esempio:

- Link a siti internet
- Materiale in offerta
- Articoli di qualcun altro
- Statistiche o ricerche

Il metodo degli elenchi di argomenti può metterti in grado di scrivere un eBook anche in un giorno solo. E' garantito!

Dunque, non considerare il tuo eBook come una montagna da scalare.

Consideralo invece come una serie di piccoli passi che non devi fare altro che intraprendere con ordine.

Grazie a questa tecnica, molte persone, incluso io stesso, sono in grado di scrivere libri di 75-200 pagine in non più di uno o due giorni.

TERZO TRUCCO: raccontare storie

Le storie danno senso alla vita e forniscono più concretezza alle cose, perché sono un legame con l'esistenza reale.

Includi nel tuo libro esempi tratti dalle tue esperienze e spiega come tu stesso hai affrontato o capito una certa cosa.

Le storie, soprattutto nei libri del tipo *"Come si fa a..."*, aiutano a spiegare meglio il tuo punto di vista e rendono le tue informazioni molto più facili da usare. Spesso, più di dati, statistiche e suggerimenti, una storia può fornire lo scenario giusto per mettere in relazione l'argomento che tratti con la vita reale dei lettori.

25

METTERE REALMENTE QUALCOSA NERO SU BIANCO

Ricordi? L'introduzione di questo libro recitava qualcosa di simile: *"Scrivi e pubblica un eBook sfacciatamente remunerativo in due week end, anche se non te la cavi granché nella scrittura a mano o al computer e in italiano non sei mai stato una cima".*

In questa sezione, tratteremo un paio di metodi che ti permetteranno di creare un testo da trasformare in eBook anche se non sai scrivere.

Nota speciale: non aspettarti favori da nessuno!

Vi sono infatti solo due alternative: o scrivi tu il testo, o lo fai scrivere a qualcun altro. Tuttavia, non devi necessariamente sederti alla scrivania e scrivere fino a farti venire un tunnel carpale!

. . .

Vogliamo che la scrittura diventi un'esperienza piacevole, soprattutto per te!

"Anche se in italiano non sei mai stato una cima"...

Ti abbiamo già spiegato come ottenere correzioni gratuite dai tuoi amici, in modo da avere un testo finale decente anche se a scuola non eri bravo in italiano.

Se chiedi aiuto ad almeno sei persone (che si spera abbiano avuto buoni voti in italiano), potresti dare al tuo testo un formato e una struttura sintattica e grammaticale che lo rendano adatto ad essere messo in commercio.

Perciò, non ti affaticare più del necessario, nessuno si curerà del fatto che non eri bravo a scuola. È successo tanto tempo fa!

"Anche se non sai scrivere"...

Scrivere un eBook del tipo "Come si fa a..." o un testo informativo su un dato prodotto non richiede l'uso delle tradizionali regole di buona scrittura. Queste ultime, ad esempio, prescrivono di non usare mai parole del linguaggio comune, quali "io", "me", "mio", "tu", "tuo", e così via.

Che sciocchezza! Se l'obbiettivo è dare informazioni immediatamente comprensibili e utilizzabili (per le quali la gente dovrebbe pagare), il linguaggio quotidiano è lo stile migliore da adottare.

· · ·

Immagina una persona seduta di fronte a te e dille come fare una certa cosa o come afferrare un dato concetto. Cerca di aiutarla.

Se puoi parlare di queste cose, allora puoi anche scriverle!

Se puoi spiegare a voce tutti gli aspetti di un dato argomento, sei anche in grado di scrivere in uno stile perfettamente adatto ad una pubblicazione del tipo "Come si fa a..."

Se puoi parlare a qualcuno di una tua idea su un dato soggetto, allora non devi preoccuparti: **Tu puoi scrivere!**

...e per giunta, scriverai in modo da aiutare davvero la gente! Non dimenticare mai il motivo per cui le persone dovrebbero acquistare il tuo

eBook.

Parentesi: Come il campo scuola estivo cambiò la vita di Jim Edwards

- "All'età di 15 anni, i miei mi spedirono ad un campo scuola estivo.

A scuola avevo sempre avuto buoni voti e perciò l'idea di doverne fare uno non era mai stata contemplata in famiglia, finché un giorno mia madre, presso la piscina vicino casa, mi informò dell'avvenuta iscrizione. Dopo essermi ripreso dallo shock iniziale, riuscii ad aprire bocca e a chiederle in quale materia mi avesse iscritto. Così, mia madre mi informò che ero stato destinato al corso di dattilografia."

. . .

Corso di dattilografia?!

Cercate di ricordarvi quando avevate 15 anni e pensate alle vostre vacanze estive piene di mare, sport, amici e video-game! Ora, immaginate cosa sarebbe successo se vostra madre vi avesse informato di dover passare due mesi delle vostre vacanze in un corso di dattilografia. Che agonia!

Edwards prosegue nel suo racconto:

- *"Dopo quella condanna, non potei fare altro che trascinarmi ogni giorno a quel dannato corso, che per giunta si teneva poco lontano da casa, in modo da poter essere visto da tutti i miei amici, che intanto se la godevano in piscina: "Hey, Edwards, divertiti!", urlavano senza un briciolo di compassione, sguazzando nell'acqua. La peggiore estate della mia vita. Almeno, così pensavo allora!"*

Quindici anni dopo, quel corso si rivelò uno dei più significativi eventi della sua vita. Vuoi sapere perché?

Perché tutto ciò che apprese allora, gli permise di creare velocemente il testo commerciale che cambiò per sempre la sua esistenza, soprattutto dal punto di vista finanziario.

Io non ho avuto una mamma che mi ha iscritto ad un corso di dattilografia, ma i miei studi di ragioneria, dove la dattilografia era obbligatoria, sono stati un grande vantaggio per me che scrivo 400 battute al minuto ancora ora, a 10 dita, senza guardare la tastiera.

. . .

Ad ogni modo, **molte persone non sono in grado di usare velocemente la tastiera.** Le loro mani non seguono le direttive del cervello e sono del tutto impacciate al computer.

Se fai parte di questa categoria, posso fornirti qualche alternativa.

Prima però, un'ultima cosa riguardo la dattilografia. Se sei in grado di usare la tastiera (anche solo un po'), non perdere tempo e scrivi il tuo testo al computer in modo da poterlo pubblicare al più presto.

Siediti e crea! Man mano che sorgono idee e il tuo corpo si accinge all'impresa, tutto il tuo essere si concentra sul compito più urgente, ossia, scrivere al computer!

Una volta preso da questo "flusso", la velocità di scrittura migliorerà spontaneamente e sorprendentemente.

Anche se digiti solo 30 parole al minuto e riesci a stare seduto non più di 20 minuti, sei pur sempre in grado di creare una pagina di 500 o 600 parole a spaziatura singola ogni 20 minuti.

Nella sezione dedicata alla formattazione ti insegnerò a trasformare una pagina tradizionale a spaziatura singola in un testo di eBook di almeno tre pagine.

. . .

Perciò, pur scrivendo solo 30 parole al minuto potrai creare il testo che desideri in un paio di giorni.

Questo è il motivo per cui, come ti dicevo, se solo sai digitare qualcosina sulla tastiera, tutto ciò che devi fare è sederti e iniziare a scrivere.

Se invece non sai fare nulla, allora segui queste istruzioni.

"Anche se non sai usare la tastiera"...

Due alternative alla tastiera:
    <u>Voice recognition software</u>

Uno dei più sorprendenti sviluppi dell'informatica recente è la nascita di software a buon mercato che riconoscono parole dette a voce trasformandole in parole scritte.

Il mio primo software del genere lo acquistai nel 1997 e, francamente, fu una delle più grandi delusioni della mia vita!

La strada per perfezionare questo strumento è stata lunga, ma oggi ho potuto notare che esistono ottimi software, in primis il "Dragon Dictation", che trovi a questo link:

http://shopit.nuance.com/store/nuanceeu/it_IT/Display-HomePage

. . .

Questo strumento ti permette di parlare ad un microfono mentre il tuo computer visualizza sullo schermo tutto quello che dici.

Al fine di essere certo di quello che scrivo, alcuni paragrafi li ho scritti usando proprio il software di cui ti ho appena parlato.

Tutto ciò che ho dovuto fare è stato un elenco degli argomenti e sotto-argomenti che volevo trattare. In seguito, mi sono semplicemente seduto a parlare di essi davanti al microfono, immaginando di spiegare a qualcuno le cose.

Un buon dattilografo è in grado di scrivere sulle 70 parole al minuto, anche se la maggior parte può digitarne non più di 30 o 40.

Ad ogni modo, con la voce possiamo dire circa 200 o 250 parole al minuto, mentre col pensiero possiamo immaginarne anche 450.

Vedi come la mente è molto più veloce delle dita? Il software "voice recognition" è dunque TERRIBILMENTE più veloce!

Se sei in grado di spiegare a qualcuno un dato argomento a voce, questo software registrerà sul computer tutto quello che dici, organizzando le parole per mezzo di un processore.

. . .

In questo modo, chiunque può rapidamente estrapolare dalla propria testa un testo grossolano e inserirlo nel computer.

L'unica avvertenza è di non usare questo software con vecchie macchine del tipo Pentium con 16MB di RAM! Per lavorare in modo efficace, è necessario un computer che non sia più anziano di uno o due anni.

Ti raccomando di collaudare bene il software da me usato, in quanto il suo uso richiede un po' di pratica. Il software talvolta salta qualche parola nel corso della registrazione (o la sbaglia!), ma nel complesso è uno strumento eccellente, se si impara ad usarlo bene e soprattutto a parlare in modo lento, preciso ma "con convinzione".

Se proprio non vuoi (o non puoi) digitare nemmeno un monosillabo sulla tastiera, prendi in considerazione la prossima alternativa che ti presenterò!

<u>Fai come i dottori...</u>

I medici (quelli ricchi!), non avendo tempo di scrivere a mano o al computer, da sempre usano questa tecnica per fissare i loro pensieri.

Si tratta di un servizio di trascrizione: Una volta scritta una bozza degli argomenti e sotto-argomenti da trattare, invece di parlarne al microfono di un computer, puoi registrarli su una cassetta o cd che poi passerai ad una persona che trasferirà il tutto sul processore.

Tale servizio è ovviamente a pagamento e potrebbe sembrare anche un po' costoso. Devi considerare però che in soli due giorni potrai ottenere un testo di 50 pagine. In seguito, dovrai fare le opportune correzioni, incaricando qualcuno di modificare il testo al computer. Solo allora potrai configurare l'eBook in PDF.

Questa opzione è per coloro che realmente non hanno tempo, voglia o capacità di fare la minima cosa al computer, ma come vedi c'è una soluzione a tutto, e non puoi avere alcuna scusa per non scrivere il tuo
eBook.

Entrambe le alternative sono la migliore soluzione possibile per chi non vuole scrivere al computer. Tutte le altre possibilità, quali ad esempio i software del tipo "handwriting recognition pads" (che trasformano la scrittura a mano in un testo digitato al computer), non sono altrettanto efficaci e veloci.

26

FORMATTARE UN TESTO

Dal punto di vista del nostro campo visivo, la lettura di un testo su una pagina di computer è molto differente da quella di un libro tradizionale. Questa diversità fisica rende la formattazione di un eBook assai diversa da quella di un testo su carta.

E' necessario comprendere che non è possibile semplicemente stipare una pagina di computer con caratteri a spaziatura singola. Ciò renderebbe alquanto difficile sia la lettura che la fruizione efficace del testo.

NOTA importante: *Se il lettore non potrà assimilare facilmente le informazioni del tuo libro, avrai le maggiori probabilità di un reclamo o di un mancato pagamento... il che non è certo lo scopo finale del tuo eBook!*

Alcune regole...

In realtà, non vi sono rimedi miracolosi, né regole ufficiali per formattare correttamente un eBook. Vi sono trucchi che valgono sia per gli eBook, che per le brochure, i siti web o i testi tradizionali. Le semplici indicazioni che seguono, ti aiuteranno a rendere il tuo eBook leggibile e godibile al massimo grado, permettendo ai lettori di incamerare le informazioni in modo piacevole.

- **Usare molti spazi bianchi.** Ciò non vuol dire inserire tre paragrafi per pagina di un testo a spaziatura tripla con margini laterali larghissimi! Vuol dire invece usare molte spaziature doppie in modo che il testo appaia formato da piccoli blocchi di frasi che non stanchino gli occhi del lettore.
- **Usa molti "bullet".** I bullet sono simboli (quadrati, stelle o altro) che segnalano alcune parti del testo (anche queste righe sono scritte in "bullet". Leggendo le parti del testo contrassegnate dai bullet, si assimilano facilmente le informazioni principali. I bullet evidenziano rapidamente i punti più importanti di un argomento.
- **Non usare caratteri piccoli.** Usa caratteri a dimensione non minore di 12. Sono più facili da leggere. Non andare da un estremo all'altro. Caratteri a dimensioni maggiori di 18 sono altrettanto pesanti da leggere.
- **Sii regolare:** Formatta in modo uniforme le diverse pagine del testo. Dai una dimensione uniforme ai titoli, che dovranno essere sempre nella stessa posizione sulla pagina. Ad esempio: se il titolo di un capitolo è centrato di 20 punti, tutti gli altri capitoli dovranno avere un titolo centrato allo stesso modo. Se un sottotitolo è a caratteri

arrotondati a dimensione 12, mantieni sempre le stesse caratteristiche per tutti gli altri sottotitoli. Cambiare stile dei caratteri nel bel mezzo del testo (o non avere alcuna regolarità nello stile dei caratteri) confonde molto il lettore! Un lettore confuso sarà portato a restituirti il libro chiedendoti i soldi indietro! Una formattazione regolare permette al lettore di concentrarsi su ciò che legge, più che sulla forma in cui è scritto.

- **Evita al massimo le "figurine divertenti".** Non usare le immagini "clip art" dei tuoi programmi di scrittura. Questo per due buone ragioni: La Microsoft non ti permetterà di inserirle in un testo che deve essere commercializzato. La gente conosce già troppo queste piccole immagini e darà meno valore alla qualità del libro. Un gran numero di immagini clip art si trovano gratuitamente su internet. Tuttavia, se proprio devi usarle, almeno non perdere troppo tempo a scaricarle! Personalmente, queste smancerie non mi piacciono. Le rare volte che ho scelto di usarle, l'ho fatto solo se ero certo che avrebbero dato più valore al testo. Non cadere nella trappola di usare *clip art* senza senso soltanto per allungare il brodo del testo.

- **Semplicità:** Non scatenare troppo la tua fantasia nella formattazione di un testo. La gente ha solo bisogno di ottenere le informazioni che servono, perciò non renderle questo compito troppo difficile. Non lasciarti tentare ad usare una quantità di stili che ti sembreranno carini o alla moda. Mantieni i caratteri, gli stili e la disposizione delle pagine chiare e facilmente leggibili. Includi un indice completo degli argomenti che permetta al lettore di trovare facilmente ciò che gli serve. E' molto facile includere dei link nel tuo eBook in modo da permettere al lettore di recarsi sul sito che gli serve senza consultare ogni volta l'intero libro.

- **Dai una migliore organizzazione al testo usando titoli e note a piè pagina.** Poni una nota per il copyright ad ogni piè di pagina del testo. Molti processori te lo permettono, usando la funzione "Titoli e piè di pagina". In molti casi, il nome del libro o quello della pubblicazione assieme al nome del tuo sito e della tua e-mail dovrebbero apparire in cima o a piè pagina in tutto il tuo testo.

EPILOGO

Spero che questo corso ti abbia divertito, trasmettendoti la mentalità giusta per avere successo nel campo degli eBook.

Ricorda che, se ti impegnerai fino in fondo e lascerai andare la tua creatività, potrai davvero dare una svolta alla tua vita.

Tutto ciò che dovrai fare, è seguire passo per passo le istruzioni del libro. Se necessario, torna indietro e rileggilo tutto… ed inizia DAVVERO ad eseguire i compiti che vi sono indicati!

Ho fatto il possibile per semplificare queste istruzioni, dandoti al tempo stesso un buon esempio di come scrivere un eBook efficace. Se esiti ancora: osserva attentamente *questo* eBook e cerca di imitarmi! Non è poi così difficile! Quando ti sarai finalmente lasciato andare a fare qualcosa, potrai sempre rileggere le pagine di questo eBook per capire come procedere.

Non temere: il tuo compito più arduo è lasciarti andare. Se lo farai davvero, vuol dire che avrai anche la forza necessaria per superare le eventuali difficoltà che incontrerai in seguito.

Buona fortuna,
Anton G. Pisani

RINGRAZIAMENTI

Non posso che ringraziare Sud Est Edizioni che ha creduto in me, approvando il mio progetto di pubblicazione e facendomi vincere le mie resistenze (pigrizia in primis!).

Ringrazio anche mia madre che fu la prima a leggere una bozza di questo eBook/libro e ad incoraggiarmi a pubblicarlo. Sono certo che da lassù sia orgogliosa di me.

Se anche tu che mi hai letto fin qui vuoi realizzare il tuo sogno, devi solo agire!

Se vuoi un editore che ti supervisioni e ti azzeri le problematiche di correzione bozze, impaginazione e marketing, non posso che incoraggiarti a contattare Sud Est Edizioni per sottoporre il tuo progetto:
   www.sudestedizioni.com

Grazie!

Anton G. Pisani

www.ingramcontent.com/pod-product-compliance
Lightning Source LLC
Chambersburg PA
CBHW050922260726
48660CB00001B/345